桂林理工大学商学院工商管理一流学科建设资金出版资助
桂林电子科技大学商学院出版专项资助（C20WXM000007）
桂林理工大学科研启动基金项目（GLUTQD2013039）

开发区土地集约利用评价及其信息系统研究

罗 玫 蒋建洪 著

中国财经出版传媒集团

经济科学出版社
Economic Science Press

图书在版编目（CIP）数据

开发区土地集约利用评价及其信息系统研究/罗玫，蒋建洪著．—北京：经济科学出版社，2020.11
ISBN 978 - 7 - 5218 - 2061 - 4

Ⅰ.①开…　Ⅱ.①罗…②蒋…　Ⅲ.①经济开发区 - 土地利用 - 研究 - 中国　Ⅳ.①F299.232.2

中国版本图书馆 CIP 数据核字（2020）第 223825 号

责任编辑：李晓杰
责任校对：刘　昕
责任印制：范　艳　张佳裕

开发区土地集约利用评价及其信息系统研究
罗　玫　蒋建洪　著
经济科学出版社出版、发行　新华书店经销
社址：北京市海淀区阜成路甲 28 号　邮编：100142
总编部电话：010 - 88191217　发行部电话：010 - 88191522
网址：www.esp.com.cn
电子邮箱：esp@ esp.com.cn
天猫网店：经济科学出版社旗舰店
网址：http://jjkxcbs.tmall.com
北京密兴印刷有限公司印装
710 × 1000　16 开　13.25 印张　240000 字
2021 年 5 月第 1 版　2021 年 5 月第 1 次印刷
ISBN 978 - 7 - 5218 - 2061 - 4　定价：56.00 元
（图书出现印装问题，本社负责调换。电话：010 - 88191510）
（版权所有　侵权必究　打击盗版　举报热线：010 - 88191661
QQ：2242791300　营销中心电话：010 - 88191537
电子邮箱：dbts@ esp.com.cn）

前　言

　　随着城镇化、工业化的发展，我国土地供需矛盾日益突出，开发区作为城镇发展和土地利用的重点区域，在带动区域产业发展和城市化方面发挥着重要作用。在其发展过程中的土地利用问题也日益引起关注，为节约资源、推动科学发展，坚守18亿亩耕地红线，保障经济社会全面协调可持续发展，开展开发区土地集约利用的评价工作是必然的发展趋势。评价工作的开展对提高开发区用地管理水平、建立健全开发区土地集约利用考核制度与长效机制、增强土地参与宏观调控的能力、构建资源节约型社会具有重要的理论意义和实践价值。

　　本书以此为目的，以开发区为对象，从开发区土地集约利用评价和开发区土地集约利用评价信息系统两个方面进行研究。本书为阶段性成果的梳理总结，主要内容包括开发区土地集约利用评价指标体系的构建、评价模型的构建、土地评价信息系统相关模型的构建、系统可用性评价模型的构建以及动态评价模型系统实现等主要内容。

　　本书的主要创新点有五个：第一，分析了开发区土地集约利用评价的现状，定义了本书开发区以及土地集约利用的概念，分析了土地集约利用相关理论在开发区中的应用，分析了开发区土地集约利用的影响因素以及各因素之间的关系；通过对现有评价规程和评价方法的分析并结合一定时期内的相关文献进行了评价指标频度分析，建立了初步的评价指标体系；根据开发区土地集约利用的应用途径，通过问卷调查，利用因子分析、主成分分析以及项目反应理论，构建了基于项目反应理论的指标选择模型，经过对指标体系进行筛选，建立了修正的开发区土地集约利用评价指标体系。第二，通过对现有评价模型的分析，引入多维标度法对专家意见倾向进行区分，提出了评价模型的专家挑选方法；为解决层次分析法中判断矩阵一致性问题，构建了矩阵排序算法模型和基于和积法的判断矩阵试探算法模型；由判断矩阵可信度和专家判断的个体一致性程度，提出专家相对个体一致性权重，通过加权几何平均得出群组层次分析法主观权重，通过选定的域值确定熵权法权重，构建了开发区土地集约利用评价模型。第三，分析了土地评价、土地信息管理与土地评价信息系统（LEIS）之间的关系，构建了其关系模型；通过对现有土地评价信息系统的分析，构建了土地评价信息系统类型概要模型；运用建模公理化理论和基于环境的设计方法，构建了土地评价信息系统中主要元素的关系模型；通过分析土地评价信息系统，评价生命周期与系统开发生命周期各元素的参与状态，构建了通用的土地评价信息系统开发过程模型；应用土地评价信息系统开发过程模型，对开发区土地集约利用评价信息系统（DI – LEIS）进行分析，构建了DI – LEIS 的系统开发过程模型。第四，通过对系统可用性进行文献分析，归纳了目前系统可用性评价常用的指标评价量表；分析了 DI – LEIS 可用性的适用性，应用德尔菲法，根据协调系数集中专家意见，建立了适用于 DI – LEIS 的可用性评价指标体系；通过细化系统用户，依照不同用户在功能使用过程中对指标重要性的度量，根据 Spearman 相关系数在一定阈值范围确定用户的相似性权重，得到指标的权重，构建了基于功能的用户相似性可用性评价模型。第五，基于 Web 的 DI – LEIS，将数据收集、数据分析、系统评价集合成有机整体，结合数据库技术、网络技术、动态语言技术，设计并实现了 DI – LEIS 原型，实现了自定义的系统计算流程、动态的评价指标体系和评价模型算法，在对开发区土地集约利用评价的同时实现了与之对应的在线专家问卷填写与系统可用性评价，提高了系统的可扩展性。

　　本书的完成，要特别感谢桂林理工大学商学院和桂林电子科技大学商学院的资助，感谢经济科学出版社编辑的辛苦工作。由于作者的水平有限，书中的不足之处在所难免，希望读者不吝赐教。

罗　玫　蒋建洪

2020 年 12 月

目
录
contents

>   >   >   >   >   >

第 1 章

绪　　论

1.1　研 究 背 景

随着经济社会的迅猛发展，资源问题已经成为人类社会发展面临的首要问题。土地资源作为人类活动的载体，是人类生存和发展不可或缺的物质基础。土地资源既是生态环境各要素相互作用的枢纽，又是城市发展及人类生存的物质基础和生产资料，其稀缺性日益凸显。但是人类却无限制地开发利用有限的土地，特别是耕地的大量占用，造成了部分耕地锐减、农用地缺乏、人均土地面积减少、土地利用效率不高、用地结构不合理等一系列问题。我国正处于超常规的城市快速发展时期，城市的急剧膨胀造成了对土地资源的巨大需求，而我国人口多、耕地少的基本国情以及实行耕地总量动态平衡的政策对城市用地的供给造成了诸多限制。因此，改变土地利用方式，提高土地利用效率和效益，走集约化发展的内涵之路，是解决当前我国城镇化快速进程中土地供需矛盾，实现可持续发展的必然选择。

在 2006 年国务院发布的《国家中长期科学和技术发展规划纲要（2006 - 2020）》中，"城镇化与城市发展"被列为亟待科技提供支撑的重点领域，开发区作为城镇发展和土地利用的重点区域，在带动区域产业发展和城镇化方面发挥着重要的作用。作为现代工业的集聚中心和区域经济增长的中坚力量，开发区在土地利用上已体现出一定程度的集聚效应，资金集聚程度、土地投资强度和投入产出率远高于一般地区。1984 年国家设立首批沿海经济技术开发区，随着开发区的数目和规模逐渐扩大，由于存在功能定位不清、产业结构趋同等问题，开发区的集聚效应和规模效益并未得到充分体现。1992年开发区建设开始失控，低价竞争、滥占耕地、土地闲置等一些问题相继出现。针对土地浪费与低效利用现象，1999年，"国土资源大调查"项目设立了"城市土地价格调查和土地集约利用潜力评价"子课题，选择了7个城市进行试点，开展城市土地集约利用潜力评价。据国家自然资源部（原国土资源部）2003年底对24个省份的初步调查，开发区的类型达30多种，数量为3837个，规划面积为316万平方千米，超过了全国现有城市（含建制镇）建设用地的总量①。全国省级以上开发区经国家批准规划土地面积共2万平方千米，而已开发面积仅占规划总面积的13.51%，即2700平方千米左右；在54个国家级高新技术开发区，以建筑容积率表示的土地利用强度只有0.2367；开发区已经占用的土地平均只有57%得到有效利用，闲置土地的比例高达43%②，开发区土地闲置的现象非常严重。国家对各类违规设立的开发区加大清理整改力度，据不完全统计，截至2004年，全国已撤销各类开发区4735个，占开发区总数的70.12%；削减开发区规划用地面积2141万平方千米，占原有规划面积的64.14%；已退出开发区土地2617平方千米，复耕1324平方千米③。虽然国家通过采取刚性边界控制各类开发区扩张和集中清理区内闲置土地及扩区升级审核等多项措施对促进各类开发区节约集约用地发挥了重要作用，但是部分开发区在未能有效地利用存量土地和提高已建成土地利用效益的情况下，仍盲目进行扩区，从而导致了开发区周边成片的农用地甚至优质耕地被占用，给粮食生产安全造成了较大的威胁，也不利于开发区土地资源可持续利用，国家明确指出，要把节约集约用地作为转变经济增长方式的突破口和重要抓手。节约集约用地，不仅关系当前经济社会发展，而且关系国家长远利益和民族生存根基。

客观认识开发区土地集约利用现状、积极探讨开发区土地集约利用的理论基础及影响因素，研究开发区土地集约利用的评价体系，利用现有的信息技术进行评价以及合理利用评价结果，对于明确开发区土地利用中存在的问题，提升我国开发区土地集约利用的管理和决策水平具有重要意义。

---

① 何书金，苏光全. 开发区闲置土地的数量、分布与利用潜力 [J]. 地理科学研究进展，2000，19（4）：343-350.
② 卢新海. 开发区土地资源的利用与管理 [J]. 中国土地科学，2004（2）：40-44.
③ 谢登科. 全国撤销七成开发区 [N]. 北京青年报，2004-06-21.

1.2　国内外研究现状

国内外研究机构和学者对土地集约利用相关方面进行了大量的研究工作并取得了丰富的研究成果，这为本书的研究工作奠定了良好的基础。本节将对相关研究成果从土地集约利用以及土地评价信息系统两个方面进行评述，并在此基础上提出本书所要解决的研究问题。

1.2.1　土地集约利用评价研究

土地评价产生已有 2000 多年的时间，在中国也有悠久的历史，但科学的土地评价研究仅仅开展了半个多世纪。土地评价初期，以合理利用土地为目的的土地评价研究是随着土地资源调查与土地利用规划产生和发展起来的，1961年，美国农业部土壤保护局正式颁布了土地潜力评价系统，这是世界上第一个较为全面的土地评价系统，并被包括中国在内的许多国家广泛应用；土地评价发展阶段从 20 世纪 70 年代开始，通过大量的土地资源调查和遥感数据的获取，土地研究从土地清查走向土地评价，从一般目的的土地评价过渡到有针对性的专门评价。针对各国采用不同的分类和评价体系来发展自己的土地评价系统而缺乏规范形式，1976 年联合国粮食及农业组织（Food and Agriculture Organization，FAO）颁布了《土地评价纲要》（A Framework for Land Evaluation），它从土地适宜性角度出发，细化了土地分类，弥补了土地潜力分类系统的不足，反映了土地的适宜程度、限制性因素及改良管理措施。在土地评价发展阶段，土地评价从一般目的的土地评价转向特殊目的的土地评价，评价结果不仅揭示了土地的生产潜力，更重要的是针对某种土地利用方式进行了经济效益的分析比较，反映了土地的最佳利用方式、适宜性程度及改良利用的可能性。20世纪 80 年代以来，随着各国政府和科研机构对土地评价的类型调查、现状属性、立地条件、利用效益、利用规划等方面的研究，土地评价的理论与方法不断改进和完善，向着综合化和精确化的方向发展。1981 年，美国农业部土壤保护局提出了土地评价和立地分析系统（Land Evaluation and Site Assessment，LESA），除了考虑土壤的物理和化学特性外，也反映了经济因素、土地管理措施、土地税收和法规等（Charles and Les，2003）。1983 ~ 1985

年，FAO 在《土地评价纲要》的基础上，针对各种不同的土地利用类型，详细分析了各种土地利用对土地的要求和土地的质量特性，对土地评价起到了明显的促进作用，形成了系统而全面的土地评价体系。1993 年，FAO 颁布了《可持续土地管理评价纲要》（Framework for Evaluation Sustainable Land Management，FESLM），确定了土地可持续利用的基本原则、程序和评价标准，并初步建立了土地可持续利用评价在自然、经济和社会等方面的评价指标（FAO，1993）。1978 年以后，国外土地评价理论和方法相继引入中国，由于人口、资源、环境与发展问题日益突出，基于土地资源合理利用的土地评价得到了各方面的关注。20 世纪 80 年代中后期，中国土地评价的研究重心已经开始从为农业服务的土地评价转为非农业土地评价，特别是城市土地评价。

土地集约利用评价是在土地评价的基础上结合了土地集约利用理论发展起来的，由于土地利用的特殊性，学者们对于土地集约利用内涵的理解各有不同，多从土地利用程度、投入产出强度等不同角度进行定义。马克思在《资本论》中指出"在经济学上，所谓耕作集约化，无非是指资本集中在同一土地上，而不是分散在若干毗连的土地上"①。艾利和韦尔温（Ely and Wehrwein，2000）认为对现在正利用的土地增加资本和劳动力叫作土地利用的集约，土地的集约利用就是由于土地资源的稀缺性、人口增长等导致的高地价而采取的改变土地利用状态的行为。随着工业化和城镇化的发展，城市土地利用的重要性开始引起了学者的重视，城市土地利用随时间推移日益复杂化和多样化，各种与之相关的理论也得到了完善和发展，地租地价理论、区位理论等阐述了土地作为生产要素在生产过程中与其他资源最优配置的数量规律和空间法则，可持续发展理论作为促进城市可持续发展的重要依据，更在此基础上反思城市蔓延并提出城市精明增长的概念，通过对传统城市土地利用模式的反思，有效地遏制了城市的无序蔓延，提高了土地的使用效率，保护了生态环境。在土地集约利用途径和方法研究方面，国外对土地集约利用途径和方法主要采用三种形式，即分区管制、税收调节和规划控制。美国、日本和韩国等国家还通过细分控制以及各种建筑、土地法令等，对国有和私人土地的使用权进行了限制，极大地促进了土地的持续和集约利用。国外与城市土地利用相关的理论都涉及了城市土地集约利用的内涵，但均未出现完整的表

---

① 马克思. 资本论 [M]. 北京：人民出版社，1975：760.

述，国内学者从西方早期农业土地集约利用的概念出发，认为"城市土地集约利用"就是增加土地上的投入以获得更多产出的土地开发经营方式。城市土地利用与农业用地相比更加复杂和特殊，国内学者在实践的过程中从系统角度对城市土地的集约利用内涵进行了扩展，强调城市土地集约利用不完全是经济范畴。陶志红（2000）和何芳等（2002）提出在研究城市土地集约利用的时候，需要充分考虑城市土地利用结构和布局的优化问题。朱林兴（1998）和董黎明等（2000）也提出要综合考虑社会效益和生态效益，尝试将可持续发展的思想和城市土地集约利用的内涵相结合，强调城市土地集约利用不仅要关注经济效益，而且应该包括环境效益和社会效益等综合效益最大化。宗毅（2005）认为土地集约利用是一个动态发展过程，而不是一个静态终极目标，城市土地集约利用是在特定时段中、特定区域内的一个动态的、相对的概念。

　　开发区的土地集约利用是作为城市土地集约利用的中观层面进行考察的。在开发区研究方面，国外开发区是工业园区的形式之一。工业园区（Industrial Park）是第二次世界大战后发达国家发展工业所采取的一种空间组织形式，国外对工业园区的相关研究最早可追溯于 18 世纪英国的产业革命。蒙克等（Monck et al.，2005）的研究认为，"研究园区""技术园区""商业园区"以及"创新中心"等都是用来描述类似的开发区的词语。麦克唐纳（MacDonald，1987）认为与科技园区类似的词语都是可以互换的，因为它们都是用来描述这一类区域：这个区域提供高品质的环境，有一定经济基础的公司自发加入这个区域，并且能促进自我成长。潘等（Phan et al.，2005）认为世界范围内科技园区的建立都是为了经济的发展，传统的理解是为了创造财富和工作机会。布朗和麦克霍恩（Braun and Mchone，1992）对在科技园内外的高科技企业做了比较，认为与科技园区外的企业相比，科技园区内的企业多是一些知名大型公司的子公司，想要扩大他们的产品线，企业更注重研发，企业的创办者在相关领域拥有更多的经验，更容易获得风险投资和其他资源，与园外企业的资金和高素质员工不同，园内企业的主要发展障碍在于缺少市场研究和市场计划。林德洛夫和洛夫斯滕（Lindelöf and Löfsten，2002）分析了瑞典科技园区内外的以新技术为基础的企业，认为除了营业额的增长、员工数量的增长以及创办者的高学历有所差异以外，其他如利润、研发、管理方面均无太大差异。阿米拉马迪和萨夫（Amirahmadi and Saff，1993）总结了硅谷成功的六个因素：可用的技术专家、可用的原有基础设施、可用的风险资本、工作流动性、信息交流网络以及现有企业衍生的副产品。林克等（Link et al.，2003）研究发现美国的许多大学建立科技园区和孵化器来促进建立大学自有技术的创业公司。艾斯科尔萨和瓦尔斯（Escorsa and Valls，1996）总结了科技园区的共性：工业和学术研究的互动；促进学术拆分；进行再工业计划；推动成立没有合作大学机构的创业公司；进行技术转移计划；进行培训；提供管理。马克斯等（Marques et al.，2006）用三重螺旋模型解释了大学、产业和政府之间的相关性。昆塔斯（Quintas，1996）提出了在设计开发区性能测量方法时要包括技术、经济、社会和政治变量等在内的异构变量。拉蒂尼奥和亨里克斯（Ratinho and Henriques，2010）从与科研机构（主要是大学与研发机构）的联系和管理的合理性来评价科技园的成功与否。比格里拉帝等（Bigliardi et al.，2006）在评价开发区功能效益时，除了使用经济指标之外，还使用创业公司数量、注册专利数量以及孵化公司新产品开发的数量和类型等创新指标。许多亚洲国家建立工业园区，都有以下三个目的：首先是提高产业研发能力，从而提升本地工业的技术成熟度；其次是提高外商投资额度，特别是有高附加值的投资；最后是加速劳动密集型经济向知识密集型经济转变。20 世纪 90 年代末期，许多亚洲国家的政府都特别希望投资新的科技园区能复制硅谷的成功，以提高经济竞争能力。

基于我国人多地少的基本国情，国家对于耕地保护的基本政策，对于开发区土地存在的粗放以及闲置现象，我国学者对开发区土地集约利用评价进行了深入研究。在开发区土地集约利用评价指标体系方面，多数学者在评价指标体系建立时均考虑了土地投入产出状况，认为土地投入产出是反映开发区土地集约利用的基本要素，是土地集约利用的内涵体现。曹蕾等（2013）去除了《开发区土地集约利用评价规程》中与高新技术产业有关的指标，以求评价指标体系能对更广泛的开发区适用。郭海洋等（2012）认为开发区的发展应当是可持续的，因此在指标体系中加入了包括土地持续供应能力、人均公园绿地面积等在内的土地可持续利用程度。胡祖梁和龚奇（2012）将入园企业和开发区分开评价，建立了不同的指标体系，在开发区的目标层中加入污染治理情况来反映环境质量监督。谷家川和查良松（2011）用绿地率和污染处理率构成的环境质量状况来反映开发区土地集约利用的可持续利用状况。韦仕川等（2011）在指标体系中加入绿化情况和能耗情况来表示开发区土地集约利用的生态效益。开发区土地的可持续发展中，除了生态效益，还有社会效益的影响。王伟和张海波（2008）在指标体系中加入平均就业密度、单位面积技工收入水平等反映社会效益的指标。李淑杰等（2012）在指标体系中加入基础设施优势、科技指数、城镇化水平等指标完善社会效益，完善土地利用的社会、经济、生态环境以及其他附加功能。开发区土地集约利用是一个动态过程，张平平和鲁成树（2010）提出用工业增加值增长弹性系数和地均吸纳劳动力人数弹性系数反映开发区土地发展状况，从而体现开发区土地集约利用发展变化趋势。不同学者对于土地集约利用评价内涵的理解不同，针对评价对象的特点，对子因素层与指标层中的指标选择也不尽相同。

　　在开发区土地集约利用评价方法方面，阮履云和张勇（2010）从理想值的确定原则出发，对目前开发区土地集约利用中理想值确定的若干方法进行了归纳和总结，并以某国家高新开发区为实例介绍了相关方法在理想值确定中的应用。何瑞东（2007）用派生特尔斐法确定开发区土地集约利用指标体系权重，对兰州高新技术开发区土地集约利用进行评价。张笑寒（2009）使用层次分析法（Analytic Hierarchy Process，AHP）确定开发区土地集约利用各层次指标的权重，对江苏省某县级经济开发区进行了土地集约利用水平的测算。卢新海和刘俞成（2012）将开发区土地集约利用状况分为集约、基本集约和欠集约三个等级，用因子分析法确定评价指标体系权重。李文梅和陈松林（2009）、彭浩和曾刚（2009）等运用主成分分析法测算开发区集约利用综合指数，分别对福州的开发区和上海的开发区的集约利用水平进行评价。吕立刚等（2010）利用理想值比例推算法对各指标进行无量纲化处理，采用层次分析法和特尔斐法确定权重，对甘肃西峰工业园区土地集约利用程度进行评价。张丽萍等（2012）在变异系数法确定权重的基础上，运用协调度模型对甘肃省的开发区土地集约利用评价进行定量分析。张锋等（2010）将层次分析法和协调调度模型综合运用到开发区土地集约利用评价中，对江苏徐州经济开发区土地利用系统的协调状况进行了评价。李焕等（2011）利用 BP 神经网络技术对浙江省的多个开发区进行土地集约利用的非线性定量评价，找出了开发区土地集约利用程度存在空间差异，集约度与经济发展水平的相关性。陈伟等（2010）运用数据包络分析方法（DEA），从投入产出的角度对江苏省的开发区土地集约利用效率进行了分析和对比研究。李天煜和王红梅（2009）将开发区土地集约利用评价等级、评价指标及其特征值作为物元，根据开发区土地集约利用现状分级建立关联函数，通过计算综合关联度判断开发区土地集约利用程度的隶属等级，对广东省梅州市开发区进行了评价。徐潇瑾和潘润秋（2011）以珠海市的3个开发区为例，提出基于熵值法和统一理想值的开发区土地集约利用评价方法，使得各开发区之间的评价结果可比。刘庆清等（2010）通过评价因素集和评语集建立评价矩阵，进行模糊运算得到综合评价结果，验证了模糊综合评定法在开发区土地集约利用评价中的有效性和准确性。赵成胜等（2011）运用模糊综合评判法以及RAGA－AHP集成作为研究方法，以南京浦口经济开发区为例进行开发区土地集约利用研究。谭鑫等（2011）构建了开发区土地评价的熵权—模糊评价模型，对上海市洋山区保税港土地集约利用水平进行评价。付栎臻（2011）针对当前开发区土地集约利用评价结果横向对比性差的问题，提出 TOPSIS 开发区土地集约评价模型，证明了 TOPSIS 模型应用在多个同级别开发区集约利用程度对比具有研究上的优势，其可操作性强、对样本大小无严格限制。王明舒和朱明（2012）针对当前开发区土地集约利用评价中权重确定方法受主观性影响较大的问题，提出基于云模型的权重确定方法，其权重值更客观，算法更易实现。

1.2.2 土地评价信息系统研究

由于土地资源禀赋的约束性和土地资源管理的复杂性，长期以来在土地利用上积累的问题不仅在当前表现得较明显，而且随着经济社会发展将日益突出。针对不同目的对不同类型的土地进行评价，在评价的基础上控制和引导土地资源利用的方向、规模、结果、布局等，最终实现土地的可持续发展。许多土地评价信息系统（Land Evaluation Information System，LEIS）应运而生（Yu et al.，2011）。早在1990年，罗西特（Rossiter，1990）就在FAO 发布的土地评价框架上提出了自动的土地评价系统（Automated Land Evaluation System，ALES），自动土地评价系统是一个计算机程序，能让土地评价者构建一个专家系统根据当地情况和对象来评价单位土地。随后万达瓦和兰斯特（Wandahwa and Ranst，1996）利用自动土地评价系统中的模型提出了定性土地适宜性评价。卡佛（Carver，1991）开发出基于 GIS 的发展空间决策支持系统，为决策者提供了强大的工具来对空间信息进行处理和分析。德拉罗萨等（De La Rosa et al.，2004）开发的地中海土地评价信息系统（Mediterranean Land Evaluation Information System，MicroLEIS）的最初系

统是将定性的土地评价方法转化为计算机程序来自动评价土壤质量和土地利
用总体规划，实现对农业生态用地的评价。经过发展，如今的 MicroLEISDSS
是一套为大范围农业生态计划提供决策支持的工具，它遵循了设计包的理念，
集成了数据库、统计、ES、神经网络、Web 和 GIS 以及其他信息技术；土地
评价和立地分析系统从非土壤因素、开发压力以及公共价值三个方面对农用地
进行评价，帮助决策者评估农业用地的土地质量和农业经济潜力，其使用者包
括国家和地方规划部门、土地所有者、开发商以及需要作出土地使用决策的政
府工作者。帕森等（Paassen et al.，2007）研究了由四个国家的农业科研系统
联合开发的土地利用总规划和分析系统（Land Use Planning and Analysis Sys-
tem，LUPAS）模型框架，实现了对四个不同水稻种植区的土地进行全面分析，
以支持相关土地使用政策的制定。塔巴和村山（Thapa and Murayama，2008）
把开发的城郊农业用地评价信息系统集成了层次分析法和地理信息系统，选择
基于实地调查的数据分析、土壤、土地利用、水资源、道路网络和市场作为影
响城郊农业的主要影响因素，每种因素都对应不同逻辑准则的图形，再用层次
分析法识别每个因素的优先级。

　　随着土地类型的细化以及土地管理者的需求，土地评价信息系统拓展了
土地评价目的以及土地评价对象。将农用地的价值、潜力向城市用地的适用
性和集约利用发展。土地评价涉及因子多、数量大，需要对大量的图形数据
和属性数据进行加工、分析和统计，并且评价单元是空间属性和非空间属性
合二为一，常规的工作方法效率低下，结果不太准确。随着遥感（remote
sensing，RS）、全球定位系统（Global Position System，GPS）、地理信息系统
（Geographic Information Systems，GIS）"3S" 技术以及数据库技术的发展，
为土地评价提供了新的技术。戴等（Dai et al.，2001）开发了基于 GIS 的城
市土地利用规划的地质环境评价系统，系统根据多准则分析对适宜发展的每
个类别进行评估，每个类别的适宜性地图有其相应的算法，根据适当的测量
和加权，对城市地质环境进行评估。帕克等（Park et al.，2011）通过频率、
层次分析法、逻辑回归以及人工神经网络构建了一个基于 GIS 的土地适用性
评价系统来预测和评价土地利用变化。在城市土地集约利用评价信息系统方
面，章其祥（2003）使用面向对象的方法，采用 C/S 三层体系结构，通过功
能模块分析，实现了完成报表和图件输出功能的城市土地集约利用潜力评级信
息系统。乔伟峰和陈建（2007）将 Mapinfo 作为基础图形平台，采用面向对象
的设计方法和组件式软件技术，采用三层结构模型，实现了城市土地集约利用

潜力评价信息系统。杨大兵（2010）借助 RS、GIS、网络及计算机等技术，建立了土地利用专题空间数据库，采用 NET 和 GIS 组件技术，设计开发了 B/S、C/S 混合构架的城市土地集约利用综合评价系统，实现了城市土地利用管理和集约评价的信息化、科学化。周国峰等（2011）在探讨模型库系统、数据库系统、人机交互系统等三大部件设计的基础上，重点研究模型库中各模型的存储、调用、管理和维护机制，设计并实现了模型字典库与文件库相结合的混合管理方式来对模型进行统一组织和存储，能有效地进行城市土地集约利用评价工作。

在开发区土地集约利用评价信息系统（Development – Zone Intensive Land-use Evaluation Information System，DI – LEIS）方面，唐旭等（2011）按照软件工程的基本要求设计了 DI – LEIS 的数据库和软件结构，并对三维专题制图、指标计算表达式解析引擎和数据一体化管理存储等关键技术的实现方法进行了设计，依照设计实现了软件开发，并应用于武汉东湖新技术开发区土地集约利用评价项目。夏敏峰等（2011）通过对系统进行功能需求分析，对集约评价、成果检查、行政管理三个独立模块以及属性、空间数据库进行设计，以江西省为例构建了基于 GIS 的 DI – LEIS 系统。朱蕾（2009）通过集成 GIS 和 RS 信息技术，运用于基础数据的获取、指标数据的统计整理、土地利用信息数据库的建立、土地集约利用微观评价的实现、土地利用潜力动态管理系统的建立和专题图件的制作评价过程中，构建数据信息平台，定量评价长春经济技术开发区土地集约利用程度。张会会等（2011）采用功能分析法、信息系统分析设计等方法，结合 VS. NET、组件式 GIS 开发平台（ArcGIS Engine）、数据库等技术，提出了系统的总体设计方案，开发实现了部分功能，最后将系统在山东省招远市进行了实例应用。

1.2.3 研究现状评述

通过以上研究现状的文献分析，可以总结如下：

国外学者对土地集约利用从理论、政策措施等方面进行了深入研究，提出了如地租地价理论、土地报酬递减理论、区位理论、可持续发展等土地集约利用的经典理论，为我国开发区的土地集约利用及其评价提供了理论基础；在城市土地集约利用方面，针对城市土地资源的稀缺性和大量闲置并存的现象，各国政府以及经济学、社会学、地理学和规划学界，都提出了一些新的城市管理对策，以及促进土地集约利用的措施和评价城市土地集约利用的指标，为我国推行开发区土地集约利用评价提供了借鉴。

国外学者对于开发区的研究多集中在成功因素分析、园内外企业区别、与大学之间的创新互动等方面，国外开发区在所有权、政策等方面与中国开发区有所区别，因此几乎没有关于开发区土地集约利用评价。国内学者由于对内涵理解的不同，尚未形成具有可比性的指标体系。多数学者在评价指标体系建立时均考虑了土地投入产出状况，认为土地投入产出是反映开发区土地集约利用的基本要素，是土地集约利用的内涵体现。根据开发区土地集约利用评价的需要，在《开发区土地集约利用评价规程》中加入了土地利用结构和管理绩效，随着开发区土地集约利用评价的开展，学者们开始对《开发区土地集约利用评价规程》中的指标从含义到涵盖内容进行研究，提出了与可持续发展中的生态效益和社会效益相关的指标，并对动态变化趋势进行了研究。

在一定的开发区土地集约利用评价指标体系的基础上，学者们提出了各种评价方法，早期的评价方法以定性研究为主，采用的方法主观因素比较突出，评价结果较难真实反映客观情况。随着研究的深入，逐渐出现了一些定量评价方法，以及定量与定性相结合的综合评价方法。对于评价方法的深入研究，探讨了统一理想值在实际应用中利弊，分区评价的可行性，以及各种主观、客观或主客观结合的赋权方法模型和应用框架。

"3S"技术的日益成熟，给土地评价以及土地评价信息系统提供了更多的技术支持，为多种方法的综合应用提供了可能，也为土地现状调查、动态监测和决策管理等信息系统的建立提供了更为有效的途径。国外的土地评价信息系统多集中在土壤、适应性等方面，没有对土地集约利用评价方面信息系统的研究。城市土地集约利用评价信息系统和 DI－LEIS 的研究主要集中在国内，面对需要对大量的图形数据和属性数据进行加工、处理、分析和统计，研究的重点放在"3S"在系统中的应用、系统分析和功能实现，以及整合城市规划的城市规划信息系统、地籍信息系统、房地产开发与管理信息系统等方面。现有的系统均是根据评价目的和对象的不同，将特定的评价模型整合进入系统。

1.3　研究问题的提出

通过对土地集约利用和土地评价信息系统的研究，分析国内外的研究情况，从检索到的研究文献看，对于开发区土地集约利用评价中的指标体系、评价方法以及信息系统方面的研究，仍然不够深入。

第一，国内外对支撑土地集约利用的理论已经有了一定程度的研究，但对于这些理论在开发区土地集约利用评价中的应用，还缺乏深层次的剖析。开发区土地集约利用作为城市土地集约利用的中观而又独立的存在，涉及管理学、地理学、社会学、规划学、经济学、生态学、城市学、景观学等多门学科和技术。对相关的基础理论做针对开发区的深度剖析，分析影响开发区土地集约利用的影响因素，这不仅是研究开发区土地集约利用的前提和基础，更为评价提供理论指导和方法论。

第二，开发区土地集约利用指标体系仍在探索中，虽然 2008 年国土资源部发布了《开发区土地集约利用评价规程》，对开发区土地集约利用评价的工作内容、工作程序、技术方法、成果要求等做出了规定，并在部分国家级开发区进行了试点评价。但理论界和实践工作仍未形成普遍认可的针对开发区土地集约利用的评价指标体系，各学者对于开发区土地集约利用的研究也多具针对性，针对不同开发区的实际情况，提出相应指标。不同学者提出的指标体系总体上看虽然涵盖了土地集约利用的各方面（土地投入产出、管理绩效、生态效益、社会效益、动态指标等），但对于通用的评价指标体系来说，缺乏完整性，不能完整反映开发区土地集约利用的真实水平，降低了评价结果的可比性。

第三，在开发区土地集约利用评价方法方面，对于《开发区土地集约利用评价规程》中提到的评价方法，理论上具备可行性，但在实际评价过程中由于方法或参照的评价标准具有多意性，确定的理想值因地区差异、评价人的主观因素导致结果差异很大，特别是开发区土地集约利用评价涉及考核，不同的开发区在集约利用评价时难免会选用更有利的评价方法提高自身的集约度分值，造成了开发区总体的集约度分值都比较高。学者们各自的评价方法仍只是针对特定对象，无法涵盖所有开发区的土地集约利用评价，也无法对评价结果进行横向纵向比较。

第四，国内开发区土地集约利用评价的研究主要集中在如何评价上，而对于如何应用信息系统提高评价效率、简化评价流程、降低评价人员的工作量的研究不多，对评价结果的应用仍停留在给出对策建议的书面报告，无法系统全面地利用评价中的数据进行更深入的研究。对于开发区土地集约利用评价建立的信息系统都是使用特定的信息技术和系统分析方法，针对特定的开发区实现其目标功能，没有通用的开发区土地集约利用评价信息系统分析方法和开发过程模型，对开发区的信息系统也缺少评价和反馈。

针对以上问题，本书从基础理论出发构建开发区土地集约利用评价指标体系、评价模型以及信息系统，以解决开发区土地集约利用评价过程中面临的各种问题，一定程度上为国土资源管理者和开发区管理者提供决策支持。

1.4　研究框架

1.4.1　研究目标

本书以开发区为研究对象，通过理论分析、对现有开发区土地集约利用评价的文献分析以及相关规程的分析，构建开发区通用的土地集约利用评价指标体系，据此构建开发区土地集约利用评价模型。在对土地评价信息系统进行分析后，构建系统开发过程模型，并在此基础上建立 DI – LEIS 开发过程模型。为保障信息系统的可用性，在系统开发过程模型的基础上，引入系统原型过程评价，构建系统原型可用性评价模型，设计和开发 DI – LEIS原型。

1.4.2　研究内容

根据以上研究问题的分析和研究目标，本书的研究内容具体如下：

（1）开发区土地集约利用评价指标体系。由评价对象的定义出发，研究土地集约利用的相关理论在开发区中的应用，通过频度分析法以及开发区土地集约利用的内涵特征进行综合分析，得到开发区土地集约利用评价指标体系，并使用主成分分析、因子分析以及项目反应理论修正指标体系。

（2）开发区土地集约利用评价模型。结合本书所建立的开发区土地集约利用评价指标体系，用多维标度方法进行问卷分析，将层次分析法和熵权法相结合确定指标体系权重，构建开发区土地集约利用评价模型。

（3）土地评价信息系统开发过程模型。在对现有土地评价信息系统进行分析总结的基础上，建立土地评价信息系统概要模型；运用基于环境的设计方法构建土地评价信息系统开发过程模型，并构建其子集下的 DI - LEIS 开发过程模型。

（4）DI - LEIS 原型可用性评价模型。在对原型法构建的 DI - LEIS 进行开发的过程中，建立可用性评价指标体系，构建基于功能的用户相似性可用性评价模型，通过对系统原型的可用性评价得出统计数据对系统进行分析，为系统开发者和系统用户提供支持。

（5）DI - LEIS 原型的设计和实现。在开发区土地集约利用评价指标体系、评价模型、系统开发过程模型以及系统动态评价模型的基础上，采用 B/S 模式，设计了基于 Web 的 DI - LEIS 原型，实现对土地集约利用的动态管理，使开发区土地集约利用评价具有可操作性。

1.4.3　技术路线

本书综合运用多学科的理论、技术和工具，从开发区土地集约利用评价的指标体系、评价模型到土地评价信息系统的系统分析与评价到实际应用逐步展开研究。本书研究的技术路线如图 1 - 1 所示，该路线展示了本书的研究目标、研究内容和采用的技术与工具三者之间的关系与过程。

本书的主要研究思路为：在土地集约利用理论以及影响开发区土地集约利用因素分析的基础上，通过文献分析和频度分析构建开发区土地集约利用评价指标体系，然后根据问卷使用多元分析以及项目反应理论对指标体系进行修正。通过多维标度方法区分专家倾向，使用主观赋权与客观赋权结合的方法构建评价模型。使用基于环境的设计方法提取出土地评价信息系统的主要元素以及元素之间冲突，并提出解决冲突的方法，构建系统开发过程模型，并提出系统开发过程中的可用性评价模型。最后在上述研究的基础上构建 DI - LEIS 原型。

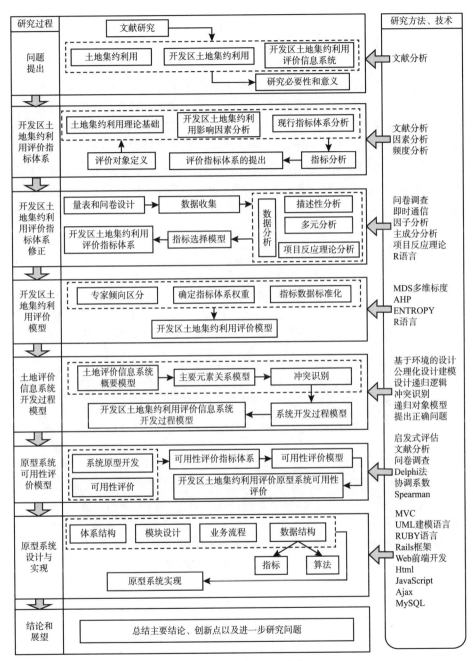

图 1-1 本书的技术路线

1.4.4 本书结构

根据上述研究内容和章节安排，本书总体的研究框架如图 1-2 所示。全书共分 8 章，其中核心内容是第 2 章至第 7 章，围绕开发区土地集约利用评价及其信息系统进行了深入研究。第 2 章至第 4 章围绕开发区土地集约利用评价从评价指标体系和评价模型方面进行了研究，第 5 章和第 6 章对 DI-LEIS 开发过程模型和原型可用性评价模型进行了研究，第 7 章是根据第 2 章至第 6 章所研究内容与结论的应用，第 8 章对本书的研究进行了总结，并对未来的工作进行了展望。

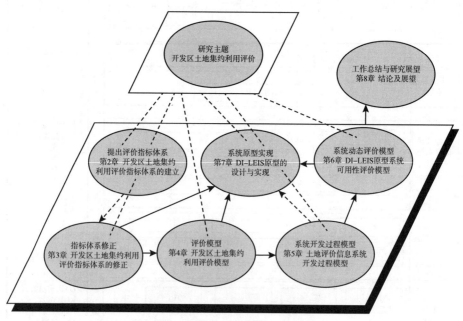

图 1-2　本书研究结构与安排

第 2 章

开发区土地集约利用评价指标体系

由于开发区土地集约利用评价是一项复杂的系统工作，涉及社会、经济、管理、生态等多方面的因素，开发区土地集约利用程度的评价应该有土地集约利用的相关理论作为指导，在对开发区土地集约利用的影响因素进行系统全面分析的基础上，建立开发区土地集约利用评价指标体系，为后续的评价工作奠定基础。

2.1 研究对象的定义

贝尔德（Baird，1998）提出了评价一个组织或者系统的中心四要素：（1）定义对象，清楚需要解决的问题；（2）明确步骤，明晰如何解决问题；（3）结果和监测指标，确定是否在向结果迈进；（4）评价结果，获得提高的方式。针对开发区土地集约利用评价，首先要明确涉及的对象定义。

2.1.1 开发区

开发区是一个范围广泛且划分模糊的综合性概念，世界上几乎每个国家和地区都建有开发区，但目前各国政府部门或是学术界还没有公认的定义，国内外对于开发区的功能和定义也不尽相同。

从20世纪70年代开始，很多国家都把建立工业园区作为发展经济增长战略的一部分，费尔森施泰因（Felsenstein，1994）认为工业园的建立主要有两个目的：作为技术的温床和作为一个区域经济发展振兴的催化剂，促进经济增长。卡斯特尔斯和霍尔（Castells and Hall，1994）认为科技园区是集合了孵化和技术中心功能，用来促进再工业化和区域发展的政治工具。斯托里和泰泽尔（Storey and Tether，1998）认为开发区是用来促进和开发新的高科技产业的园区。韦斯赫德（Westhead，1997）认为科技园区的作用是提供能够将大学中的纯研究转换成产品的孵化环境。欧盟委员会（EC，1996）研究认为科技园的两个标准定义：一是现代化生产系统中技术转移的工具；二是房地产和大学科研相结合。据英国科技园协会的定义，科学园是一个基于属性的活动，围绕以下配置：正式与一所大学或其他高等教育机构或研究机构建立业务联系；园内聚集以知识为基础的企业和其他组织；执行管理功能（EC，2002）。

与发达国家不同，发展中国家和地区设立开发区，很大程度上是为了引进国外资金和先进技术，因此会给予更多的特殊优惠政策。李红（1998）将我国的开发区分为经济技术开发区、高新技术开发区、自由贸易区、出口加工区、综合经济特区、科技工业园、保税区等。这些开发区通过在区域内实行特殊的政策，招商引资，加快开发区经济的发展，最终带动本地乃至整个区域的经济发展。开发区具有政策开放、发展自由、高投入高产出等特征。国内的开发区在类型、功能和管辖主体方面存在不同，在性质、目的、模式上也各有差异，从而使许多研究者对开发区的理解存在一些差异。伍鲍克（2002）认为开发区是通过政府特定程序划定的新兴经济区域。吴旭芬和孙军（2000）认为开发区是经国家或省级政府科学规划论证和严格审批，为吸引外资、发展高新技术、促进地区经济快速发展而设立的经济区域。厉无畏和王振（2004）认为开发区是在城市或其他有开发前景的区域，划出一定范围，经政府科学规划论证和严格审批、实行特殊体制和特殊政策的开放开发区域。缪凯（2001）认为开发区是一种社会经济现象，可以定义为一个国家或地区为吸引外部生产要素、促进自身经济发展而划出一定范围并在其中实施特殊经济政策、灵活经济措施和特殊的经济管理体制的行政区域。朱永新（2001）认为开发区是一个国家和地区在交通便利的地方（港口或海、陆、空交通枢纽）划出一定范围，在对外经济活动中实行一些特殊的开放政策，用减免关税、提供良好的基础设施等优惠方式发展贸易和转口贸易，利用国外资金或技术发展经济，以增加就业、扩大出口、赚取外汇、引进先进技术，达到促进本国或本地区经济和科技发展的目的。

上述有关开发区的定义，尽管从不同的视角揭示了开发区的某些实质，但其概念内涵的表述过于清晰，从而一定程度上缩小了概念的外延，因此作为开发区的定义仍有不完善之处。综合国内外对于开发区定义和内涵的相关研究以及客观分析国内外开发区的发展过程和建设经验，开发区可从广义上定义为：国家或地区为通过特殊政策达成特定利益而特别划定的开放式建设地域。本书的开发区是指经国家和地区审核批准后，实行优惠的投资政策和特殊的管理体制的区域，以吸引外来资金、科学技术以及管理经验，实现高新技术、产品的生产和推广，推动地域经济实现跨越式发展。

2.1.2　土地集约利用

古典经济学家杜尔阁、安德森、韦斯特和李嘉图等在研究农业地租问题中发现，在一定面积土地上持续增加投入时，其产出先持续增加，达到某一点后开始下降，他们同时认为，正是由于在不同土地上投入生产要素数量的不同，导致了级差地租的产生。通过在地租理论中对农业用地的研究，由此延伸出土地集约利用的概念，它是指在一定面积土地上，集中投入较多的生产资料和劳动、使用先进的技术和管理方法，以求在较小面积土地上获取高额收入的一种农业经营方式。希瑞尔（Shriar，2000）认为集约利用的最终目标是提高产出，所以用产出指标来计算集约度更为直接。赫佐格等（Herzog et al.，2006）用单位面积土地的产出指标来衡量土地的集约利用水平。李秀彬等（2008）认为，土地集约利用是单位时间在单位土地面积上投入的非土地投入数量，它反映土地利用系统的要素配置状况和生产要素（土地、资本、劳动力等）之间的替代关系，强调土地集约利用以投入测度为主，并且还认为从投入产出角度计量是土地生产率的概念，而不是土地集约利用的真正内涵，因为土地集约度侧重于土地资源配置状况。还有学者认为不同的空间层次，土地集约利用分析的重点不一样，一般来讲，可分为宏观、中观和微观三个层次。从宏观上看，强调土地利用结构、功能和布局的合理性及其所取得的综合经济效果；中观和微观层次的土地集约利用分析则更强调土地投入与产出的效果。

城市土地集约利用的概念是从农业土地集约利用借鉴过来的，关于城市土地集约利用的内涵，国外学术界尚未给出明确的定义。国内学者观点的主要共同点为：土地集约利用就是增加在土地上的投入以获得更多产出的土地开发经营方式。许艳等（2009）认为集约用地，是相对于粗放用地而言的，主要包括三层含义：一是节约用地，就是城市各项建设都要尽可能地节省用地，千方百计地不占或少占耕地；二是集约用地，每宗城市建设用地必须提高投入产出的强度，提高土地利用的集约化程度；三是通过整合置换和储备，合理安排城市土地投放的数量和节奏，改善城市建设用地结构、布局，挖掘用地潜力，提高土地配置和利用效率。

上述有关土地集约利用的定义，主要涵盖农用地和城市土地，虽然开发区也是城市土地的一部分，但由于开发区土地利用有自身的特殊性，本书综合上述土地集约利用的研究考虑开发区的功能，定义开发区土地集约利用为：以可持续发展的思想为依据，合理管理为前提，通过优化土地利用状况，不断提高土地的经济效益。

2.2　土地集约利用的理论基础

2.2.1　地租地价理论

地租即土地在生产利用中自然产生的或应该产生的经济报酬。广义上指使用生产要素所得的超额利润。而狭义上指将土地作为自然资源，将其使用权让渡给他人所获得的报酬，即土地总收益扣除总成本的剩余部分。地租是一个历史范畴，随着有组织的土地利用和土地所有权的出现而产生。威廉·佩蒂（William Petty）在劳动价值论和工资理论的基础上，首次提出了地租理论。亚当·史密斯（Adam Smith）最早系统地研究地租问题，提出地租是土地上生产的农作物所得的剩余收入。大卫·李嘉图（David Ricardo）提出了级差地租的概念，对级差地租进行了深入研究。他认为，地租是由于土地具有有限性和土地肥沃程度、位置差异而产生，各地块土地收入的差额就是地租，也就是级差地租Ⅰ，但是他否认了绝对地租的存在。其后，19世纪末、20世纪初兴起了新古典经济学派，以阿尔弗雷德·马歇尔（Alfred Marshall）为代表。新古典经济学把地租定义为物主将其所有的土地、房屋或任何财产租给他人使用所获得的报酬，并不一定专指出租土地而获得的租金。卡尔·马克思（Karl Marx）在古典经济学基础上发展了地租理论，形成了马克思地租理论。马克思的地租理论科学地揭示了资本主义土地所有制关系及其地租的本质。马克思主义地租理论是在批判和继承古典地租理论的基础上创立起来的。其理论要点主要有：土地具有特殊的使用价值；土地可分为土地资本和土地物质；土地价格是地租的资本化。

在市场经济体系中，土地是一种商品。现代西方经济学地价理论大多是在市场价格理论的基础上发展起来的，如土地收益理论、供求理论等。土地收益理论认为，土地价格是土地收益即地租的资本化。土地供求理论表述为在自由市场经济下土地与其他商品一样，其价格取决于本身的供给与需求。土地供给增加、需求不变，则地价下跌；土地供给减少，需求增加，则地价上升。

在开发区土地集约利用中，地租地价理论的主要应用为以下三方面：第一，通过土地市场价格机制，促进土地供求均衡以及开发区土地资源优化配置，提高开发区土地利用结构的合理性和空间布局的科学性；第二，在开发区土地集约利用的基础上，实现开发区产业用地结构调整和升级，增加开发区土地资产总量，提高开发区区域竞争力；第三，在避免仅仅追求产业发展而忽视土地资产价值的基础上，确定合理的土地价格水平，降低土地低效利用或闲置的可能性。

2.2.2　土地报酬递减理论

对土地的经营，必须考虑土地投入的报酬。研究土地报酬递减规律是合理利用土地首先要解决的问题。最早提出土地报酬递减规律这一概念的是韦斯特，以他为代表的早期资产阶级经济学家对土地报酬递减规律的表述可概括为：在保持科学技术水平不变的条件下，在一定面积的土地上连续追加某种要素的投入，而其他要素的投入量固定不变，那么这种要素单位投入量的报酬是增量式递减的。19 世纪初叶以前，西方经济学者把报酬递减规律局限在农业范围内，再加上当时的实验手段和认识手段有限，对土地报酬递减规律的认识是比较片面的。随着其他领域科学技术的迅猛发展，为全面认识这一规律提供了实验上、数学上、经济学上的条件。西尼尔分析了收益递减与收益递增在要素投入方面的原因，给这个规律的内涵添加了农业生产技术保持不变这一重要条件。克拉克把报酬递减规律从农业领域推广到一般生产领域，提出收益递减并不是土地的特征，是各种生产要素的比例平衡问题。

土地报酬递减规律是在一定的技术水平下，保持其他要素投入量不变，增加一种可变要素而增加的报酬是递减的。对一个生产单位而言，土地面积是一定的，作为生产要素之一的土地是不变要素，其增加的报酬并不是土地变化带来的而是可变要素带来的，所以土地报酬递减规律其实是变动要素报酬递减规律。应注意土地报酬递减规律的前提条件是保持科学技术水平不变，在追加投入超过一定限度后才表现为递减的，是在一定时间范围内研究单一可变要素投入变化而产生的变化，其产量变化曲线如图2-1所示。假定 X_i 表示变动生产要素的投入量，Y 表示产量，则当其他生产要素固定在某一水平时，一种生产要素与产量的关系可以表示为生产函数 $Y = F(X_i)$，平均产量（APP）表示平均每单位生产要素的投入量所生产出来的产量，边际产量（MPP）表示增加每一单位可变要素投入量所增加的产量，TPP 为总产量。土地报酬变化分为四个阶段，第Ⅰ阶段，可变要素投入量在 $0 < X \leqslant A$ 范围，平均产量平缓上升，但未达到最大值点，边际产量和总产量都递增，边际产量达到最大值点（Ⅰ），边际产量始终大于平均产量，说明在这一阶段生产者应连续增加可变要素的投入量；第Ⅱ阶段，可变要素投入量在 $A < X \leqslant B$ 范围，边际产量递减，总产量以递减的速度增加，当可变要素投入量增加到 B 点时，平均产量曲线达到最大值并与边际产量曲线相交于 D 点，对生产活动来说，可变要素投入量不应停止；第Ⅲ阶段，可变要素投入量在 $B < X \leqslant C$ 范围，平均产量开始递减，但其数值高于边际产量，当投入量增至 C 点时，边际产量减至零，总产量达到最高点，如果不考虑价格因素，C 点就是最佳投资点；第Ⅳ阶段，可变要素投入量在 $C < X$ 时，平均产量继续下降，边际产量将为负值，总产量也呈现出下降趋势，说明在这一阶段，减少可变要素的投入量是有利的。

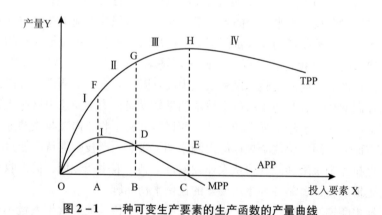

图2-1 一种可变生产要素的生产函数的产量曲线

在开发区土地集约利用中，报酬递减规律的主要应用为以下三方面：第一，在现有的科技和制度下，在土地利用中要找出生产要素的最佳投资点，加强土地利用强度；第二，应综合多要素变动的情况，确定合理的土地集约利用程度，防止过度开发；第三，考虑科学技术的不断发展、土地制度的变迁，集约利用的标准也应随之变化。

2.2.3　可持续发展理论

土地可持续利用是可持续发展思想在土地利用上的延伸。可持续发展思想萌芽于 20 世纪五六十年代，随着工业的高速发展，从早期的探讨环境保护发展到探讨经济增长的极限问题。1980 年由世界自然保护同盟等组织、国家和专家参与制定的《世界自然保护大纲》明确提出了可持续发展思想，即资源保护与人类发展相结合的发展思想。1987 年世界环境与发展委员会（The United Nations World Commission on Environment and Development，WCED）向联合国提交了报告《我们的未来》，对可持续发展的概念作了界定：可持续发展是既能满足当代人的需要，又不对满足后代需要的能力构成危害的发展。土地可持续利用的思想是 1990 年印度农业研究会、美国农业部和美国 Rodaie 研究中心共同组织的首次国际土地持续利用系统研讨会上正式提出的。1993 年FAO 发表的《可持续土地利用管理评价大纲》阐述了土地持续利用的五大原则：保持和提高土地的生产力；降低生产风险的水平，使土地产出稳定；保护自然资源的潜力和防止土壤与水质退化；经济上可行；社会可以接受。土地可持续利用的影响因素很多，如土地资源的区位特征、土地的物质组成与结构、土地的地貌、土地制度、人口增长、城市化、税收政策、土地价格等。其中人口增长与城市化的作用尤为突出。人口增长使土地供需矛盾日益尖锐，土地承载压力不断增大。人口增长导致土地过度开垦，后备资源不足，以及人类主体活动加剧使得环境污染迅速蔓延，土地自然生态环境日趋恶化。城市化使土地利用方式和功能、土地利用结构以及土地生态环境均发生变化。因此土地可持续利用就是要实现土地生产力的持续增长和稳定性，保证土地的潜力和防止土地退化，并保持良好的经济效益和社会效益，即达到生态合理性、经济效率性和社会效益性的统一。

在开发区土地集约利用中，可持续发展理论的主要应用为以下两方面：第一，开发区中的工业生产以及城市人类活动会对空气、水资源以及周围土壤造成污染，因此要考虑如何有效的降低污染，同时合理规划，不盲目扩区，增强经济效益的永续性；第二，对于土地的集约利用，实现经济配置上的效率性不是唯一目的，还要实现社会资源分配上的公平性和生态规模上的承受性。

2.2.4　区位理论

区位理论是关于区位即人类活动所占有的场所的理论，它研究人类活动的空间选择及空间内人类活动的组合，探索人类活动的一般空间法则。19 世纪初期德国农业经济学家杜能（J. H. V Thunen）出版的《孤立国》中首次提出了农业区位论，从农业土地利用角度阐述了对农业生产的区位选择的经济分析。1909 年德国经济学家韦伯（A. Weber）的《论工业区位》的发表标志着工业区位论的问世，韦伯在综合分析了工业区位形成的诸因素后，认为工业区位的形成主要与运费、劳动成本和聚集因素有关。韦伯的工业区位论最大的特点就是最小费用区位原则，即费用最小点就是最佳区位点。20 世纪 30 年代，德国地理学家克里斯塔勒（W. Christaller）提出中心地理论也称为城市区位论，该理论中有一个主要概念是中心地，它是指区域内向其周围地域的居民提供各种货物和服务的中心城市或中心居民点。中心地与中心地周围区域之间存在一定的客观规律，一定的生产地必将产生一个适当的中心地，而且这个中心地是周围区域的中心，向周围区域提供所需要的货物和服务，也是与外部联系的商业集散中心。1940 年德国经济学家勒施（A. Losch）在克里斯塔勒（Christaller）等级体系原理的基础上，推导出一种"经济景观"，其理论特点是把生产区位和市场结合起来分析，剖析经济区形成的内部机制，他认为需求的大小是随着价格变化的，也随着生产配置地点和市场区规模的变化而发生变化，因此必须全面考虑运输成本、生产成本、总成本以及总收入的定向原则，选择最佳配置点。城市土地利用存在着明显的功能分区，如商业区、工业区、居住区等，以此产生了城市功能分布结构的各种模式，其中最著名的是三大古典模式：（1）伯吉斯（E. W. Burgess）的同心圆模式，认为城市内部空间结构是以不同用途的土地围绕单一核心有规则地从内到外扩展，形成圈层式结构。（2）霍伊特（H. Hoyt）的扇形模式，在圈层布局理论基础上，考虑了城市对外联系的主要交通干线多是由市中心向四周辐射，而且各功能区之间存在着不同程度的吸引和排斥关系，因此，各类城市居住用地趋向于沿着主要交通路线和自然障碍物最少的方向由市中心向市郊呈扇形发展。（3）哈里斯和乌尔曼（C. D. Harris and E. L. Ullman）的多核心模式，强调随着城市的发展，城市中心会出现多个商业中心，其中一个主要商业区为城市的核心，其余为次核心。

以美国区域经济学家艾萨德（W. Isard）为代表的现代区位理论在内容上将整个区位的生产、交换、价格、贸易融为一体，以解决各种现实的社会问题为主要方向，以人的本身发展为目标，重点协调人与自然的关系，进而研究实际的区域分析和应用模型。

在开发区土地集约利用中，区位理论的主要应用为以下两方面：第一，从宏观区位上讲，应明确开发区的区位特征，根据所处位置结合当地自然、社会、经济因素，进行土地集约利用评价；第二，从微观区位上看，区位对土地利用的影响，本质上都是通过经济行为主体的支出、收入或者两者产生影响来实现的，因此要根据主体功能区规划的要求调整布局，构建合理的空间开发结构，促使土地集约利用。

2.2.5　产业集群理论

产业集群是指相同的产业高度集中于某个特定地区的一种产业成长现象。由于不同学者研究角度和着眼点的不同，对于产业集群的含义和内部特征的认识也有一定差别。马歇尔（A. Marshall）是第一个比较系统研究企业空间集群现象的经济学家，并且已经注意到了技术这一因素在集群过程中发挥的作用和为集群带来的技术外溢。他将集群同经济规模联系起来，认为集群是外部规模经济所致，但是马歇尔理论中没有考虑区域内企业的成长和区域间企业的迁入、迁出等动态因素的变化，也忽略了区域产业组织的外部连接。韦伯也从工业区位理论的角度阐释了产业集群现象，其聚集经济理论主要来源于规模经济和范围经济导致的效率的提高以及成本的降低。他将企业集群归结为四个方面的因素：技术设备的发展、劳动力组织的专业化、市场化因素和经常性开支成本。韦伯还从运输指向和劳动力指向两个不同的途径去分析产业集聚能够达到的最大规模。但他没有考虑市场需求因子和其他市场竞争者的影响，研究单个企业在完全竞争市场条件下集群问题，只考虑原料、燃料、劳动力供给等纯经济因子，表现出孤立、静态、封闭的特性和脱离现实的趋势。巴顿（J. Barton）对产业集聚理论的贡献是讨论了企业群落与创新的关系，认为企业群落对创新有利。克鲁格曼（P. Krugman）是首位把产业集群与国际贸易因素密切联系起来进行研究的经济学家，他将劳动市场共享、专业性附属行业的创造和技术外溢解释为马歇尔关于产业集群理论的三个关键因素。把产业集群理论推向最高峰的是波特（M. Porter），他从技术创新的角度探讨了集群经济的竞争优势，认为集群对培养国家和区域竞争优势具有十分重要的意义，波特运用产业组织经济学中的市场结构—企业行为—市场绩效（SCP）分析框架，构建了由要素条件、需求关系、相关产业和支撑产业的表现、企业竞争战略、结构和竞争对手四要素组成的"钻石模型"来解释产业集群形成的国家竞争优势。波特理论解释了已经存在的群落是如何诞生和成长的，但是不能预测它们将如何发展。新增长经济学派也对集群进行了深入论述，他们认为聚集产生的技术外部性使要素边际收益递增，从而引起经济活动的空间聚集。

在开发区土地集约利用中，产业集群理论的主要应用为以下三方面：第一，产业集群可以通过区内企业间的资源共享，降低经营成本，增加收入，从而达到土地利用效益的提高；第二，随着区内企业数量增加以及产业结构的不断调整和升级，有利于完善土地市场，发挥市场机制；第三，产业集群所创造的创新环境和集体学习环境，使创新活动变成了一个反馈过程，技术创新活动就会在集群内大量发生。

2.2.6 增长极理论

1955 年法国发展经济学家佩鲁（F. Perroux）提出增长极的概念，他指出增长并非同时出现在所有地方，它以不同的强度首先出现于一些增长点上，然后通过不同的渠道向外扩散，并对整个经济产生不同的最终影响。在经济增长中，由于某些主导部门或有创新能力的企业或行业在一些地区或大城市的聚集，形成一种资本与技术高度集中、具有规模经济效益、自身增长迅速并能对邻近地区产生强大辐射作用的增长极，通过具有增长极的地区优先增长，可以带动相邻地区的共同发展。增长极的形成至少需要三个条件：第一，必须存在有创新能力的企业和企业家群体；第二，必须具有规模经济效益；第三，需要适当的周围环境。法国经济学家布代维尔（J. B. Boudeville）、瑞典经济学家纲纳·缪达尔（Gunnar Myrdal）、美国经济学家赫希曼（A. O. Hischman）分别在不同程度上进一步丰富和发展了这一理论。赫希曼指出经济进步并不同时在每一处出现，而一旦在某地区出现，巨大的吸引力将会使经济增长围绕最初出发点集中；任何一个具有较高收入水平的经济都是由一个或几个区域实力中心共同发展的，而在发展过程中，增长点或增长极出现的必要性，意味着国际间与区际间的发展不平等是增长本身不可避免的伴生物和条件。增长极通过支配效应、乘数效应、极化与扩散效应对区域活动产生组织作用。国内外的实践和研究表明增长极战略的成功需要有一定的区域条件：即必须以发达的城市经济作为依托，包括比较完备的工业体系、较为成熟的技术力量、较为广阔的市场以及发达的交通运输网络。

在开发区土地集约利用中，增长极理论的主要应用为以下两方面：第一，在开发区的有限土地内，应挑选能够产生极化效应的企业入驻，然后通过有关的生产和服务职能在开发区内集中，产生规模经济，从而促进极化中心本身的经济增长；第二，要通过合理的土地利用类型配置，使开发区实现扩散效应，向周围地区进行要素和经济活动输出，从而刺激和推动周围地区的经济发展。

2.2.7　制度变迁理论

美国新制度主义经济学家诺斯（D. North）在《制度、制度变迁与经济绩效》中将制度定义为一个社会的游戏规则，更规范地说，它们是决定相互关系而人为设定的一些制约。制度对社会经济发展起着根本性作用，是约束人们行为及其相互关系的基本准则，主要由正式制度和非正式制度构成，正式制度又分为官方法律制度和民间制度。新制度经济学认为，制度变迁包括制度变迁主体（组织、个人或国家）、制度变迁的源泉以及适应效率等诸多因素。诺斯的制度变迁理论的基本假定是制度变迁的诱导因素在于主体期望获取最大的外部利润。外部利润是在已有的制度安排结构中主体无法获取的利润，只要这种外部利润存在，就表明社会资源的配置还没有达到帕累托最优状态，从而可以进行帕累托改进。由于外部利润不能在既有的制度结构中获取，因此，要实现帕累托改进、获取外部利润，就必须进行制度的再安排即制度创新。从表面上看，制度变迁的原因复杂多样，政治、经济、文化、道德、技术、意识形态等各方面的原因都能导致制度变迁，但每一种社会类型、每一个具体的制度变迁中透过种种表象都有经济利益这个共同的主导因素。制度创新的目的就在于使现存制度结构外部的利润内部化，进而提高生产率。

在开发区土地集约利用中，制度变迁理论的主要应用为：为了降低开发区在外延式扩张中的经济、社会以及政治成本，应从促进土地集约利用入手，从制度创新的角度解决开发区的法律地位、管理体制、管理权限等问题，提高开发区土地集约利用的潜在收益。

2.3 开发区土地集约利用的影响因素分析

影响开发区土地集约利用的因素很多,包括开发区土地的自然条件、区位分布、社会生产力水平、人地比例、价格因素、基础设施建设情况、开发区管理方式、总体规划及相关政策法规等因素都对开发区的发展存在直接或间接的影响。根据开发区土地集约利用的定义,从集约利用的依据、途径和目的出发,结合前文对土地集约利用的基础理论在开发区中的应用进行分析,可以发现开发区的土地集约利用影响因素主要分为四个方面:管理因素、可持续发展因素、土地利用状况因素及经济因素,如图2-2所示,以下逐一说明。

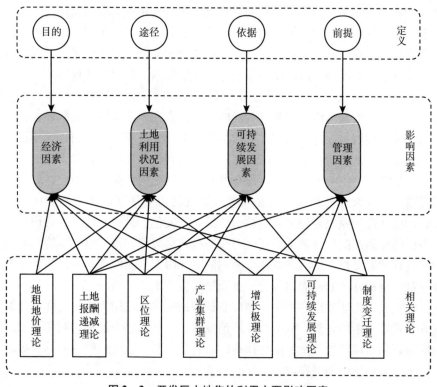

图2-2 开发区土地集约利用主要影响因素

2.3.1　管理因素

国外对开发区管理方面的研究主要集中在开发区的成功与管理之间的关系。阿尔诺兹（Aernoudt，2004）、格里马尔迪和格兰迪（Grimaldi and Grandi，2005）认为管理是科技园区成功的重要因素。科技园区包含了科技转化、商业开发等发展过程，李和奥斯特杨（Lee and Osteryoung，2004）认为管理科技园区是需要特殊的专业知识的。而且科技园区通常作为区域经济发展战略的一部分，要满足多方面的发展需求。欧洲的科技园管理者在欧洲投资银行会议的讨论中认为一个科技园管理者应该是科学家、政治家以及商人的结合，能够对区域创新系统中的不同参与者进行有效沟通和互动。他们还认为应该给入园企业提供如孵化计划、工作和休闲的基础设施、快捷的准入政策、以园区带动企业提升等附加服务（EIB，2006）。李和杨（Lee and Yang，2000）将新竹科技园（Hsinchu Science Park，HSP）的成功归结为政府的支持和人力资源的丰富，其中政府的支持包括：开发公共用地的基础设施建设、有效的支持、一站式服务、提供国内和国际上的网络以及提供客户服务和在职培训。希腊的科技园开发时间不长、规模不大，各园区的准入政策不同，如 Patras 科技园（SPP）制定了严格的政策来吸引如电子、新材料之类的高科技公司。而其他的科技园则采取宽松的准入政策来吸引新公司。其结果是，SPP 相对于其他科技园更能与高校建立正式联系，更能促进园内企业的发展（Bakouros et al.，2002）。基尔格伦（Kihlgren，2003）认为俄罗斯建立科技园区是因为其缺乏世界范围的技术合作与竞争，缺乏市场、设计以及财政管理方面的能力。俄国的第一个科技园是 1990 年在托木斯克由大学、科研机构以及工业企业组成的，俄国的大部分工业园区都是由政府项目"技术园区与创新"支持建立的。美泰（Mattar，2008）认为虽然澳大利亚的政策制定者更看好信息和通信技术行业，并复制了硅谷的营商环境。但政策制定者不应该照搬硅谷模式，而是应积极寻求区域内最强的机构参与区域发展，并提出在提高地方经济发展、提高高科技产业的经济发展、增加就业率以及提升政府公众形象等方面来评价澳大利亚在科技园中的政策措施以及产业布局的指标体系。丹麦的 Symbion 科技园包括了产权中心、服务中心、会议中心以及结算中心四个独立的盈利中心，后又增添了咨询中心，之后成立了 Symbion 管理有限责任公司，按照欧洲标准对园区企业提供全面的咨询服务和金融支持（Hansson，2005）。

可以看出，国外开发区由政府直接管理的例子很少，多是产学共生式管理型和综合管理型，产学共生式管理是在大学和企业合作关系的基础上建立的一种科研和生产密切结合的管理模式，在园内设置服务性机构，执行园区的各项规定，为园内企业提供技术开发所需要的各种条件；综合型的管理体制是由政府、企业、银行、大学以及其他机构共同承担管理职能，其主要形式是由各方组成一种非营利法人机构。

相比国外的开发区管理模式而言，目前国内开发区的管理模式根据政府和企业介入的不同程度大致可以分为政区合一型、政企合一型、政企分立型、公司型四种类型。我国的开发区在成立之初就具有很强的计划经济色彩，开发区的管理模式相对于国外市场经济发达的开发区而言，具有很强的政府背景，虽然近年来我国开发区在管理开发模式上进行了许多大胆探索和创新，但管理体制仍然是以政府为管理主体。政策调控与规划是我国开发区实现土地集约利用的重要手段。

政策因素是从管理层面上实现开发区土地集约利用的重要途径之一，建立系统、完备的政策制度对促进开发区土地集约利用具有重要的意义。土地市场在土地资源配置中发挥着基础性作用，是优化土地资源配置的重要手段。为防止市场失灵对开发区土地资源配置造成的潜在风险，应辅以行政手段制定相关政策制度弥补市场机制的不足。目前我国政府在开发区产业政策、土地供应政策、土地利用管理制度、土地利用目标等方面己有明确的规定，这无疑对促进我国开发区土地集约利用发挥了积极作用。但由于我国土地供应存在双轨制以及对供应土地用途监管、土地批后监管等方面存在的问题，一定程度上影响着开发区土地集约利用，突出表现为片面强调满足投资者需求和忽视耕地保护责任，难以实现土地资源的可持续利用，如行政划拨土地面积较多、工矿仓储用地面积相对较少、闲置土地处理不及时等。这些都需要在结合开发区土地利用实际情况下，实现信息共享，各部门从不同角度进行评估，如国土部门通过用地预审对项目土地利用效率进行预先评估，从而确保工业用地供应合理规范。建立基于土地集约利用的干部考核办法，将科技创新、节能环保、土地集约、产业集聚等因素纳入干部考核体系，强化开发区领导层集约用地的理念。在政策制度上从紧、从严加以管理。

规划因素也是来自政府管理部门的影响因素。规划与人类社会经济活动有关，是生产力布局的最优方法，是提高大系统负熵的理想工具，规划能减少局部决策的个体局限性，提高决策的整体性和科学性。土地利用规划在宏观上指明了开发区的发展方向，土地利用规划主要是通过对园区土地用途的规定来影响土地利用的集约程度，在土地集约利用方面发挥着重要的作用，但是目前我国在这方面做得不够合理，迫于招商引资的压力，开发区规划的编制和实施缺少对土地开发效益问题的关注。加上没有有效的政策制约，基层政府热衷低价出让甚至免费奉送配套土地换取开发商的投资，开发商超量占用或超前占用大量土地的现象普遍存在，导致投资者占用过多的工业用地，闲置现象严重，造成土地利用集约度降低。一些规划往往只是从园区的发展角度进行规划，不考虑土地资源的约束。面对这些问题，应该科学构建基于土地集约利用的规划体系。围绕结构合理化、布局紧凑化、用地集约化，建立和完善以土地利用总体规划为主，各类产业、行业、区域等相关专题规划为辅的开发区土地节约集约利用规划体系。在需求引导方面，合理确定开发区规模，强化规划对开发区用地规模和时序的调控。在引导结构调整方面，确定如工业用地率的下限和住宅用地、公园与绿地等上限，确保开发区产业集聚、功能引领的主体地位。

2.3.2 可持续发展因素

洛等（Low et al., 2005）提出可持续发展并不是什么重要的新兴事物，而是 3000 年来人类在思想和行为上最伟大的改变。对应到开发区，可持续发展的成功要同时达到两个目标：第一，可持续发展要求开发区管理部门采取最好的措施来保护所有的自然资源；第二，可持续发展还要求对自然资源的保护要以能基本维持人类生活舒适的方式进行，即人们能有足够的住房、食品、洁净水和健康，即从生态环境和社会环境两方面促进可持续发展。

开发区土地集约利用可以按照土地利用系统的分类分为生物物理子系统和社会经济子系统（Stomph et al., 1994）。相比农业用地，对开发区的土地利用研究中生物物理子系统更多偏重生态环境方面。自然资源及生态环境是人们赖以生存和发展的最重要的条件，在经济社会的发展中，人们一方面利用自然资源及生态环境，另一方面也在消耗有限的资源和生态环境。环境因素是土地利用赖以存在和发展的物质基础。开发区在其形成和发展过程中，不断利用并改造着自然环境。

自然地理条件是影响土地集约利用水平的关键因素，开发区的建立和发展都依赖于一定的自然地理条件，水资源、气候、地质条件、土地资源状况和地形地貌都会对开发区土地的集约利用水平产生重要的影响。首先土地的自然地理条件决定着土地的承载力，土地开发利用很大程度上受土地承载力的影响和制约，土地承载力越大，单位面积上承载的建筑物或人口越多，有助于提高土地利用强度，促使土地利用集约化；反之亦然。另外，开发区生态环境也是限制土地集约利用的重要因素，开发区生态环境系统包括自然生态环境系统和人工生态环境系统，其中自然生态环境系统指在开发区土地资源形成过程中自然形成的生态系统，如自然水体、自然绿地及其他的动植物资源等，是调节、修复和保持开发区良好生态环境及促进开发区土地可持续利用的主要系统；人工生态环境系统是在开发区土地资源开发利用过程中形成的，具有两面性，即人类改善生态环境的措施能补充和完善自然生态环境系统，人类不恰当的生态环境行为能破坏自然生态环境系统（Maczulak，2009）。一般情况下，自然生态环境系统是开发区土地资源系统固有的，应加以保护，不能人为进行破坏。而人工生态环境系统则是后生的，并成为开发区生态环境重要组成部分。

为使开发区人工生态环境与自然生态环境成为有机的统一体，政府应制定环境保护规划、合理配置生态用地和建立环境监测系统，生产企业应树立环境保护意识，发展环保型产业，并采取节能减排措施防止水、大气和噪声污染对自然生态环境的破坏作用。如果对开发区环境的破坏程度超过生态环境系统自我调节能力，生态环境系统将遭到破坏，开发区土地资源利用系统将失衡，并将导致土地资源质量下降，土地利用限制性因素增多，土地利用成本增加，土地利用效益降低，从而在一定程度上影响着开发区土地集约利用目标的实现。因此，在开发区土地开发利用过程中，应本着集约利用土地资源的原则注重生态环境的保护，提高区域环境质量。开发区的生态环境容量决定了开发区土地集约利用的强度，良好的自然地理条件不仅可以供给开发区更多的资源，而且对工业排放的废物有更大的消化能力，从而使开发区土地利用更加集约。

可持续发展成为政府科研管理与决策的重要基点，有关人的因素更加受到重视。人口因素是影响土地集约利用的重要因素，也是我国土地利用集约化最具活力的变化因素之一。人是社会活动的主体，具有主观能动性，土地是人类社会活动的客体，被人类支配及利用，人类与土地之间存在着特殊关系。人类开发土地的程度决定了土地的合理利用程度，土地的集约利用程度与土地资源供给和人均占有土地资源的状况有关。我国的耕地资源短缺，人均耕地面积少，且质量总体水平较低，而在开发区的建设过程中，以外延扩张式建设占用了大部分耕地，而且是靠近城市边缘区的优质良田，加上建设中缺乏资金等原因导致被占用的耕地资源闲置，其直接结果是农业发展受到很大影响，区域和国家的粮食安全受到威胁，同时也影响到城市以及开发区自身的可持续发展。

开发区经济功能的一个重要特点就是对外开放，它是我国市场经济体制改革的试点，最早与国际市场接轨。开发区的管理模式基本遵循市场经济的要求，相对其他行政区域而言，制度束缚较小，劳动力自由流动较为频繁。因此，当开发区发展到一定阶段后，其良好的经济成长性、日益完善的服务配套设施必定吸引大量外来人口，人口增长方式主要是机械增长。大多数开发区都位于母城的边缘地带，与母城有着密切的联系。开发区初建时期，由于居住条件及配套设施不完善，就业人口基本属于通勤一族，在母城居住、去开发区就业的生活方式甚为普遍。随着开发区基础配套设施的不断完善，以及房地产业的兴起，就业人口的通勤比例也会有所下降，但开发区在发展成工业新城之前，通勤比例仍会保持在较高的水平。过高的人口数量将使人地关系趋于紧张，将对住房交通、基础设施等的需求造成巨大的压力，当这种压力超过资源环境的承载阈值时，将会破坏生态环境，从而阻碍经济和社会的发展，甚至降低人类生存条件和生活环境质量。随着生活水平的不断提高，人们在衣食住行各个方面都会对土地提出更高的要求，并会不断地开发利用土地，土地的利用程度会越来越大，造成的人地矛盾就更加严重，这种不断重复的恶性循环，给土地集约利用带来了困难。人口的增加和人们生活水平的提高，对有限的土地资源的利用也提出了更高的要求，应该从广度和深度两个方面去开发利用更多的土地和提高土地利用的效益。

土地资源供应量的大小不是指土地资源绝对数量的多少，关键是区域人均土地资源拥有量的多少。建设用地土地集约利用程度与区域土地资源总量供给和人均拥有土地资源的状况直接相关。人口增长速度较快的地区，人地关系相对紧张，土地相对稀缺，土地集约利用的要求也较为迫切；人口越密集地区，越容易形成人口聚集，建设用地利用强度增大。事实表明，人口增长越快、人口越密集的地区，建设用地的土地集约利用程度越高。开发区人口的增加必然要求开发区提供更多的就业岗位，必然要求工业生产扩大化，工业用地需求增加。人口因素对开发区土地集约利用的影响，主要体现在开发区用地结构和土地利用程度方面。如果开发区人口密度较高，人们对经营性土地需求相对较大，则使当地政府在利益驱动下把更多的土地作为经营性土地进行开发利用。在经营性土地开发利用过程中，尽管提高了土地利用程度和土地利用强度，从而提高了土地集约利用程度，但经营性土地与工矿仓储用地争地过程中，也存在降低工矿仓储用地比重的可能性，从而影响着工业用地结构对开发区土地集约利用程度的正面作用。

可持续发展因素与土地集约利用之间的关系是相互促进、相互制约、互为反馈。首先，建设用地的集约化利用，挖潜现有潜力，尽量少占耕地，其边缘生态环境承载力也会提高，即建设用地集约水平提高，边缘生态环境会相应改善，二者是相互促进的。其次，建设用地的集约度是有限的，不能无限增大，当集约度过大时，将会导致人居环境恶化等问题，进而影响生态环境，降低生态环境对各种生物的承载力，二者又是相互制约的。

2.3.3　土地利用状况因素

土地利用是指为了生产一种或数种产品或服务所采取的系列活动。土地利用状况决定了开发区土地的利用效益。土地利用状况是在土地资源调查和土地利用背景分析的基础上对土地利用结构、土地利用程度以及土地利用空间结构等进行的分析。开发区土地利用状况的合理化，是指开发区土地利用程度、各项用地比例以及空间布局既能满足各项功能发展的需要，又能最大程度地实现土地的区位效益。同时，各种用地之间能够高效率地协调运作，实现开发区健康、高效的发展。

开发区的土地利用程度是指在当前技术可能性和经济合理性条件下，在开发区的土地资源中已开发利用土地所占的比例。由于开发区土地供给的有限性，加强存量土地盘活力度，提高存量土地的利用率是在增量土地受限、存量土地未充分利用情况下土地集约利用的有效途径。解决闲置和低效利用的存量土地的问题，才能保障土地资源和投资的有效利用，保护国家土地收益，加强政府调控经济发展和城市建设的能力，改善投资环境并提升开发区整体形象。

开发区的土地利用结构是指各种土地利用类型在开发区内的比例关系和组合方式，它反映了土地资源在国民经济各部门及部门内的分配状况和比例关系。已形成的土地利用结构是土地集约利用评价的出发点，土地利用结构的分析，可以帮助人们认识和评价土地利用状况的合理程度，以便分析土地利用问题和调整土地利用结构。开发区的功能决定了开发区中工业用地率占了较大比重，但开发区土地利用结构的合理性不仅取决于工业用地率，还要考虑各类用地之间的比例、基础设施用地率、住宅用地率等指标。

广义的基础设施是一个具有层次性和多样性的复杂系统，是人类与自然协调发展的有机组成部分，狭义而言，基础设施由固定设施、移动设备和管理利用系统构成。基础设施的建设与经济社会发展具有密切的关系，经济社会发展需求是基础设施建设的依据，而基础设施的建设又对经济社会发展具有较强的影响力（Bennett et al.，2013）。对于开发区来说，自然资源的大规模开发、工业和高新技术产业的规模化生产、社会信息化发展等，都需要相应规模的基础设施作保障。开发区基础设施是连接开发区与母城之间的物质纽带，也是对外交流的载体，为开发区扩宽发展空间，带动周边地区发展，实现产业聚集提供了坚实的基础。随着经济全球化，各国投资者对投资环境的要求越来越高，基础设施是开发区招商引资、改善投资环境的必备硬件。开发区是吸引外资、高新技术产业和国有骨干企业享受特殊政策的区域，聚集着国内外各行业的生产企业，这些企业对开发区的基础设施要求较高。开发区因开发拆迁安置和商品房销售等原因，在区内聚集了一定数量的居民，这些居民也对基础设施有一定的要求。但开发区的发展对基础设施的需求表现出了明显的矛盾性，总希望用最少的基础设施投入换取最大的效益或最大的服务，但由于基础设施是服务系统或辅助系统，其自身不能产生人类可以直接消费的有形产品，对其建设上的投入仅是生产过程的间接投入，虽然许多研究利用模拟方法、相关分析方法、时间序列统计方法等分析二者之间的定量关系，但基础建设中的"投入—产出"关系仍没有明确的答案。基础设施建设对经济社会发展具有长期的影响力，但其建设目的又是为了服务短期的需求，这一矛盾所引起的结果是，如果仅以目前的需求建设基础设施，则可能引起未来基础设施的短缺，而以长期效益为目标建设基础设施，则可能引起基础设施利用上的浪费，或由于不可预见性因素的干扰使预想的长远效益失去意义而导致基础设施失去利用价值。经济发展与技术进步是决定基础设施长效的关键因素。经济的发展及空间布局决定着未来对基础设施的需求程度，而技术进步则决定着未来对基础设施的利用方式。因此，基础设施的合理建设和布局，对处理好投入产出矛盾和需求标准偏差产生的矛盾是十分重要的。

随着城市人口增加，人口密度的增加，必然增加对商业设施的需求。在一定的社会生产条件下，一定数量的人口必然要求相应数量的住宅以满足他们多层次的需要，两者之间应该保持一定的比例。一般来说城市中心的人口密度最大，必然要求城市向外围增加居住用地面积，把城市中心的人口向郊区移动。由于开发区的规划建设就决定了其必定要在郊区发展，而且根据工业用地的特性，对容积率要求不高，占地面积大，这里的人口密度普遍偏低，拥有大量流动人口。开发区内的流动人口在居住方面存在着居住场所集中在城市边缘、居住地更换频繁、居住质量差、居住身份认同感缺乏等特点。为保障流动人口的居住质量和开发区整体的发展，有必要采取推动区域产业结构升级、适当建造流动人口公寓、制定流动人口的基本居住标准、增强身份认同感等措施。鲍尔（Ball，1995）研究了区域住宅建设投资与人均 GDP 的内在关系，威廉（William，1971）研究了不同国家不同经济发展阶段房地产业增加值和国民经济增长速度的比较，得出结论：在一定比例下住宅建设有利于经济增长的平稳发展。对于开发区的定位，盲目追求住宅建设带来的经济效益，会造成土地利用结构的不合理，不利于土地集约利用；但若完全不考虑住宅建设，又会给开发区内的道路、基础设施建设造成压力，劳动人口与流动人口的居住问题得不到解决，不利于开发区的全面发展。

开发区的土地利用空间结构是指在开发区内各类土地的空间位置以及彼此间组合而形成的一定格局，是人们对土地结构认识的积累和对土地特点利用改造的结果。土地利用空间效率是从立体和平面两个角度体现，一般通过综合效率和结构效率的指标予以反映，具体落实到容积率、建筑密度等指标。空间结构的合理性不仅要考虑开发区发展的经济因素，还要从社会综合效益最佳的经济学依据出发综合考虑环境容量、基础设施承载、景观效果等社会因素。

现阶段我国土地利用总体规划中关于集约利用建设用地是要围绕以下七方面进行：提高建设用地保障科学发展的能力，严格控制建设用地规模，科学配置城镇工矿地，保障必要基础设施用地，优化建设用地结构和布局，加强建设用地空间管制，促进国民经济又好又快发展。因此，开发区土地利用是否充分，土地利用结构和布局是否合理，土地利用方式是否科学等，是开发区土地集约利用的重要影响因素。

2.3.4 经济因素

经济发展水平是影响土地集约度的重要因素。经济因素包括经济投入、产出、产业结构、区位、市场、土地产权等方面。经济因素是土地集约利用系统的核心因素。集约利用的目的是促进经济增长的有效性。只有经济发展才能为资源开发和环境保护提供资金和技术支持。理论上来说，经济发展水平的提高客观上使政府有更多的资金投入基础设施建设和环境治理方面，从而提高土地利用效率。梅多斯等（Meadows et al.，2004）从要素竞争和增长推动力的历史演变角度，将经济增长划分为四个不同的阶段：第一阶段为要素推动阶段，依赖于初级生产要素的数量增加而推动经济增长，带有明显的粗放型增长特征；第二阶段为投资推动的发展阶段，依靠大规模的投资推动经济增长，经济增长既有集约的特征又有粗放的特征，为准集约化方式；第三阶段为创新推动阶段，通过技术创新来推动经济增长，是典型的集约经济方式；第四阶段为财富推动阶段，人们的经济行为以最大的创造财富和获得最好生活质量为准则。新制度经济学派从排他性和产权分析入手，研究公共资源、公共产品的配置效率问题，认为经济制约在于从人的本性上解决集约利用的自我约束问题，其前提是明晰产权。科斯（Coase，1960）论证了著名的"科斯定理"：当交易各方能够无成本地讨价还价并对大家都有利时，任何一种清楚界定的产权，都会使资源配置的效率最优。但完全竞争的市场并不存在，界定产权的成本不可能为零。巴泽尔（Barzel，1997）进一步完善这一理论，认为没有理由能够说明土地资源的私人拥有要比政府拥有更能保证效率。不管是所有权还是有条件的产权，这为利用经济杠杆集约利用提供了前提条件。西方国家根据房产权属变化，普遍实行高不动产税政策，这为土地集约利用建立了十分有效的促进机制。托马斯（Thomas，1999）也曾提出利用税收杠杆进行增长管理，他利用物业评估模型模拟对粗放利用的土地施以重税、集约利用的土地施以轻税的效应，结果显示业主将在经济杠杆的引导下，更加集约地利用土地。我国在这方面的管理比较薄弱，问题在于国家土地所有权下的使用者产权界定不明晰，税收杠杆政策缺失或不完善，既有的土地增值税等也没有得到有效实施。

经济增长方式由粗放型向集约型的转变，意味着在经济增长的过程中，边际生产要素资源的投入产出率日益得到提高。对于土地来说，边际生产要素投入单位土地会取得更高产出，土地利用的集约度将随着经济增长阶段的提高而提高。经济的增长对土地集约化利用具有双面效应，一方面经济发展越快对土地资源和环境的需求就越大，对土地资源可能带来的损失也就越大；经济的快速发展带来建设用地规模的扩大和土地需求的增加，造成土地供需矛盾的加剧，导致土地集约利用的压力。另一方面，经济的快速发展为土地的进一步开发利用提供了技术手段和资金保障，为提高土地集约利用提供了可能，客观上又有利于土地资源集约利用的实现。

区域经济总量是衡量区域经济发展水平的重要指标之一，如果开发区所在区域的资本市场较为发达，根据生产要素替代原理，生产者就用较多的非土地生产要素替代土地进行生产经营，并促进土地集约利用。否则生产者就用更多的土地投入替代其他生产要素进行生产经营，并有可能造成土地粗放利用。土地市场的发育程度对土地利用的集约度有较强的正向相关性，土地市场的发育程度对土地集约利用的影响反映在对土地资源的高效率配置上，在完善的土地市场条件下，市场机制的有效运作能较大地提高资源配置的效率，促进土地集约利用，政府也适度介入土地市场并发挥其干预作用，有效地弥补了市场机制的内在缺陷，市场和政府的协调、高效运作必然能实现土地资源配置的帕累托最优，从而促进土地利用的集约化。

　　开发区必须改变传统占地面积大、资源消耗多、环境污染严重的经济发展方式，以土地集约利用政策为调控手段和杠杆，将促进经济增长方式转变与城市内部用地结构调整相结合，注重发展诸如通信设备、电子计算机等科技含量高、占地面积小、吸纳劳动力人数多、经济效益好的高新技术产业，走资源消耗低、环境污染少的新型工业化道路，提升经济发展质量，推进资源节约型和环境友好型社会建设。在提高开发区所在区域经济总量的同时，培育和完善资本市场，对各种土地利用综合效益进行比较筛选，可以实现土地利用效益的最大化，促进资本市场健康、稳定地发展，对实现开发区土地集约利用具有重要的意义。

　　开发区土地的集约用地模式与开发区的经济状况密切相关。因此，一方面开发区土地的集约用地模式要和开发区发展模式结合，应针对不同的发展类型采用不同的用地模式，达到集约用地的效果；另一方面开发区土地的集约用地模式要与区域经济发展的目标协调一致，必须把土地的建设规划纳入开发区经济发展的规划体系中，要科学确定开发区用地规模和布局，避免过度建设和用地数量浪费等现象。

2.3.5　各因素之间相互作用分析

　　通过对管理因素、可持续发展因素、土地利用状况因素和经济因素对开发区土地集约利用产生的影响进行分析，可以发现，各因素对开发区土地集约利用都有着特殊的含义，每一个因素在开发区土地集约利用中均起到特定的作用，且各因素之间具有复杂关联关系，既彼此冲突又相互协调，它们之间的协同作用决定着开发区土地集约利用的过程和发展方向，主要因素关系如图2-3所示。其中，可持续发展因素起着基础性的决定作用，经济因素处于核心地位，但这种地位是建立在与可持续发展因素和土地利用状况因素相互适应和协调发展的基础上的，管理因素对经济因素和可持续发展因素起着动力和保障作用，而土地利用状况和管理因素不断监测来自可持续发展、经济等因素及自身的反馈信息，并发出相应的控制信号，来调控系统趋向于既定的目标状态。因此，开发区土地集约利用各因素之间是盘根错节地联系在一起的，是特定地区自然、社会、经济和环境条件共同作用的结果，各因素之间相互作用、相互制约和相互渗透，面向公共管理与决策的科学评价更加强调经济发展、资源价值、环境目标、生活质量、社会伦理等因素的综合协调发展。

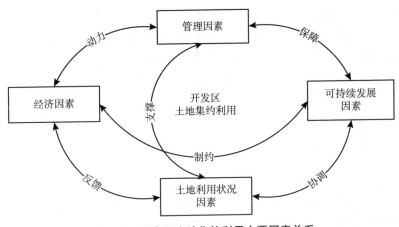

图 2-3　开发区土地集约利用主要因素关系

2.4　开发区土地集约利用评价指标体系的建立

我国现有开发区形式多样，分属国家不同的部委管理，各种经济指标统计口径也不一致，发展的侧重点不同，布局也不同。在开发区土地集约利用理论基础及影响因素分析的基础上，建立科学合理的能够统一测度开发区土地集约利用程度的评价指标体系，其目的在于由指标体系来评判一个开发区土地集约利用状况，并与其他开发区以及开发区本身土地集约利用进行横向和纵向比较，反映各开发区土地集约利用方面的差距，得出开发区土地集约利用的方向和目标。

2.4.1　开发区土地集约利用评价指标体系建立原则

在研究和确定评价指标体系及其评价方法时，应遵循如下原则。

（1）科学性原则。科学性原则是指构建的开发区土地集约利用评价指标体系要具有客观性，能准确地表达土地集约利用的实质内涵；指标的设计应既易于获取又具有代表性，指标的数量控制在合理范围内，符合相关理论和规范，能全面反映开发区的土地集约利用情况。

（2）综合性原则。开发区的土地集约利用程度受到管理、经济等多种因素的综合影响，因此要科学评价开发区的土地集约利用程度就需要选取不同角度、综合不同层次、不同属性的评价指标，才能够较为全面和客观地反映开发区的土地集约利用程度。

（3）层次性原则。开发区土地集约利用程度受多种因素综合影响，不同指标之间存在主次之分，对集约利用的影响作用也不同。为了能准确反映开发区的土地集约利用程度，指标体系按照重要性和影响程度分为不同的层次结构，形成具有特定层次结构的完整系统，以更好地反映不同因素在土地集约利用中所起的作用。

（4）可测量原则。选取的指标要有相对稳定和可靠的数据来源，应在相关权威部门提供的资料或通过实地调查的基础上，直接获取可量化的数据，以便开展定量化分析与评价。

（5）定性与定量结合原则。选取的开发区土地集约利用指标要尽可能量化，定量指标如实反映开发区在土地集约利用方面的状况；对于难以量化的指标，可以用定性指标来描述。

2.4.2 现行开发区土地集约利用评价指标体系分析

2006年国土资源部开展了国土资源大调查土地调查组织实施工作项目，项目分两年在天津、重庆、西安、厦门等不同区域国家级开发区试点实践，以《开发区土地集约利用潜力评价技术方案》（2006年度）为基础，对试点开发区的土地集约利用状况进行调查评价。国土资源部在结合各试点开发区的土地集约利用评价的成果以及专家学者的研究成果的基础上，提出了《开发区土地集约利用评价规程》（试行）（2008年度），评价对象为经国务院或省、自治区、直辖市人民政府批准并依法公告界限范围内的开发区全部土地，提出了全新的评价指标体系。

各开发区完成2008年开发区土地集约利用评价之后，国土资源部先后两次提出了新的《开发区土地集约利用评价规程》（试行）（2010年度及2014年度）。开发区土地集约利用评价指标体系的四次变化如表2-1所示。

表 2-1   **2006~2014 年开发区土地集约利用评价指标体系演变**

2006 年		2008 年			2010 年	2014 年
目标	指标	目标	子目标	指标	指标	指标
土地投入产出状况	单位面积土地投入	土地利用状况	土地开发程度	土地开发率	土地供应率	土地供应率
				土地供应率	土地建成率	土地建成率
				土地建成率		
	单位面积土地产出		用地结构状况	工业用地率	工业用地率	工业用地率
				高新技术产业用地率（可选）	高新技术产业用地率（可选）	—
	工业用地效益		土地利用强度	综合容积率	综合容积率	综合容积率
				建筑密度	建筑密度	建筑密度
				工业用地综合容积率	工业用地综合容积率	工业用地综合容积率
土地承载状况	综合容积率	用地效益	工业用地投入产出效益	工业用地建筑密度	工业用地建筑系数	工业用地建筑系数
				工业用地固定资产投入强度	工业用地固定资产投入强度	工业用地固定资产投入强度
	建筑密度			工业用地产出强度	工业用地产出强度	工业用地地均税收
				高新技术产业用地产出强度（可选）	高新技术产业用地产出强度（可选）	—
	工业用地综合容积率	管理绩效	土地利用监管绩效	到期项目用地处置率	到期项目用地处置率	土地闲置率
				闲置土地处置率	闲置土地处置率	—
	工业用地建筑系数		土地供应市场化程度	土地有偿使用率	土地有偿使用实现率	—
				土地招拍挂率	土地招拍挂实现率	—

    从表 2-1 中可以看出，与 2006 年的指标体系相比，2008 年的指标体系更加完整，增加了土地开发程度、用地结构状况、土地利用监管绩效和土地供应市场化程度，增加了可用于高新技术开发区的相关指标。2010 年的指标体系

则在 2008 年的基础上更加严谨，将工业用地建筑密度改为工业用地建筑系数，更改的原因是开发区以工业生产加工、物流仓储、商品贸易用地为主，原材料及产品堆场用地量较大。同时《关于发布和实施〈工业项目建设用地控制指标〉的通知》中对工业用地建筑系数有明确规定，对工业用地建筑密度标准没有规定。为使开发区评价标准与国家有关土地集约利用要求相一致，使指标更具有刚性标准，采用工业用地建筑系数比工业用地建筑密度更合适。土地有偿使用率、土地招拍挂率改为土地有偿使用实现率、土地招拍挂实现率。修改原因是因为国家对土地使用权出让政策的变化，使不同阶段土地使用权出让方式不同，国土资源部于 2002 年 5 月颁布实施《招标拍卖挂牌出让国有土地使用权规定》，明确规定包括商业、旅游、娱乐、商品住宅用地的经营性用地必须通过招拍挂方式出让。2004 年，国土资源部颁布《关于继续开展经营性土地使用权招标拍卖挂牌出让情况执法监察工作的通知》，规定 2004 年 8 月 31 日以后所有经营性用地出让全部实行招拍挂制度。这就造成成立时间较早的开发区土地招拍挂率明显偏低，而成立时间晚的开发区此项指标值很高，但并不能说明哪个开发区土地集约利用程度高。2014 年的指标体系最大的变化就是把开发区分为了工业主导型开发区和产业融合型开发区。随着开发区土地集约利用评价项目的开展，结合开发区土地开发、利用、经营和管理等方面的特点，提出了越发完善的评价目标，为我国开发区土地集约利用评价指明了方向，也为客观衡量我国各级各类开发区土地集约利用状况提供了科学依据。

许多学者对《开发区土地集约利用评价规程》（以下简称《评价规程》）的指标体系进行了探讨，问题主要在以下几个方面：（1）在评价目标方面，《评价规程》考虑了影响开发区土地集约利用的社会经济因素，但是不够全面，缺乏自然因素、环境因素对开发区土地集约利用的影响。在社会因素中，只考虑了土地利用状况和土地利用管理两方面，没有考虑人口因素和地价水平等因素对开发区土地集约利用的影响。在经济因素中，只考虑了经济效益和经济结构，未考虑经济总量对开发区土地集约利用的影响；（2）偏重静态时点测度，忽视动态变化分析；（3）偏重开发区总体层面分析，忽视等级差异、类型差异和行业差异分析；（4）指标体系的设置偏重工业开发区，我国开发区有多种类型，各开发区产业结构不同，区内用地的结构分配比例也有差异，应有侧重地对不同开发区进行评价指标设计，根据开发区设立目标和产业类型调整；（5）管理绩效是土地集约利用的驱动因素，但并不表现特征。目前土地出让绝大部分是招拍挂，但土地闲置现象仍然很严重，加强闲置土地的处置和提高土地市场化程度能够提高土地节约集约利用程度，但并不代表它是土地集约利用的表征。

2.4.3　指标体系的建立

建立评价指标体系的目的就是要科学地选取评价指标，使评价结果能够全面、客观、真实地反映开发区土地集约利用程度，为促进开发区土地集约利用奠定基础，为科学地制定开发区配套政策提供参考依据。指标体系中的每一个指标都能够反映开发区土地集约利用某一方面的特征，并能够定量描述；对所选指标进行分组归类，形成指标层次，完成建立评价指标体系雏形。

根据上述原则，采用频度分析法对 2008 年《评价规程》发表之后 5 年发表的有关开发区土地集约利用评价指标体系的文献进行频度统计，选择那些频度较高的指标；同时对开发区土地集约利用的内涵、特征进行综合分析，选择那些能表征开发土地集约利用的重要特征指标，在此基础上建立指标体系。频数统计的流程图如图 2 - 4 所示。首先确定研究问题，然后从万方数据平台、中国知网中搜索发表时间为 2008 ~ 2012 年，标题和文章关键字同时有"开发区"和"土地集约利用评价"的文献。所有文献共计 282 篇，其中与开发区土地集约利用评价指标体系有关的文献共 133 篇，占文献总数的 47. 16%。其中 71 篇文献中的指标体系与《评价规程》相同，占与指标体系相关文献的 53. 38%，其中的大部分文献都是用《评价规程》对不同的省份、城市、类型的开发区做实例分析。

对指标体系不同的 62 篇文献中的指标做频数统计，共统计出 176 项不同的指标，其中仅出现一次的指标 96 个，仅出现两次的指标 18 个。限于篇幅，仅给出指标的部分出处和频数统计结果，仅列出频数大于等于 3 的指标，略去仅出现一次和两次的指标，结果如表 2 - 2 所示，共得到 62 项指标。在频数统计的文献中有些指标的名称不同，但定义是相同的，在频数统计时按照相同的指标进行统计。如本书 1. 2. 2 节所述，国外对开发区的研究重点主要集中在开发区成功要素、园区内外企业的区别、园内企业创新以及开发区与高校的互动等方面，很少放在土地集约利用方面，针对开发区土地集约利用评价的文献只有少数几篇也是针对国内开发区进行评价的英文文献。还有的关于土地集约利用的文献将研究重点放在具体宗地的投入产出、楼层距离、道路、住宅以及基础设施等方面。以上提出的评价方面在已有的指标体系中均有指标涉及，如土地投入产出、土地利用强度以及用地结构状况等，因此不再单独做统计。

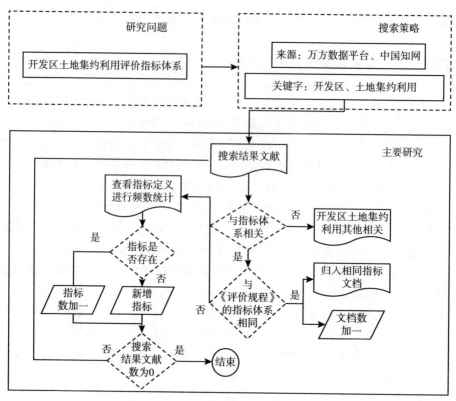

图2-4 频度分析流程

表2-2 开发区土地集约利用评价指标体系指标频度统计

编号	指标	出处	频数
1	综合容积率	石忆邵等（2011）、赵小风等（2011）等	44
2	建筑密度	曹蕾等（2009）、邵晓梅等（2008）等	38
3	工业用地率	朱秋芳等（2011）、杨曼曼（2010）等	36
4	土地建成率	颜开发等（2011）、密长林等（2011）等	35
5	工业用地产出强度	杨建锋等（2012）、徐松青（2009）等	32
6	土地开发率	夏园（2010）、刘吉伟（2009）等	30
7	工业用地综合容积率	范英莉等（2012）、陈逸等（2008）等	30
8	工业用地固定资产投入强度	史洪盛（2010）、马璐（2011）等	30

编号	指标	出处	频数
9	土地供应率	李双异等（2008）、王永峰（2011）等	28
10	工业用地建筑系数	杨建锋（2012）、谷家川等（2011）等	28
11	地均吸纳劳动力人数	戴峰（2011）、陈伟等（2010）等	19
12	闲置土地处置率	贺敏（2011）、陈静（2011）等	19
13	绿地率	童恋等（2009）、贺敏（2011）等	18
14	地均产值	夏园（2010）、李文梅等（2009）等	18
15	地均税收	顾湘（2012）、史洪盛（2010）等	18
16	土地有偿使用率	李海玲（2010）、李淑杰等（2012）等	18
17	地均固定资产投资额	王昆等（2008）、宋永发（2009）等	17
18	土地招拍挂率	谷家川等（2011）、胡祖梁等（2012）等	16
19	地均工业产值	彭浩等（2009）、朱苹（2010）等	14
20	到期项目用地处置率	赵刚（2010）、袁旭东等（2009）等	13
21	高新技术产业用地率	杨曼曼（2010）、张宇（2011）等	13
22	高新技术产业用地产出强度	江立武（2011）、宋永发等（2009）等	12
23	地均（单位面积）投资强度	陈逸等（2008）、张程光等（2011）等	10
24	土地闲置率	吕俊仪（2008）、冯仁德等（2011）等	9
25	人均绿地面积	韦仕川等（2011）、倪贵平（2010）等	8
26	万元产值能耗	吕俊仪（2008）、龚奇（2011）等	7
27	人均建设用地	赵东（2008）、梅昀等（2010）等	7
28	地均财政收入	沈健健（2009）、赵东（2008）等	6
29	基础设施完备度	张平平等（2010）、成楠等（2010）等	6
30	土地批租率	夏燕榕等（2010）、赵宏伟（2010）等	5
31	工业地价水平	李兰（2010）、李双异等（2008）等	5
32	工业用地比较效益	贺敏（2011）、李海玲（2010）等	5
33	土地有偿使用实现率	龚奇（2011）、冯仁德等（2011）等	5
34	地均基础设施投入	孙立薇（2011）、梅昀等（2010）等	5
35	地均合同外资金额	李淑杰等（2012）、张洁（2008）等	5

编号	指标	出处	频数
36	工业固体废物处理率	史洪盛（2010）、李兰（2010）等	5
37	住宅用地率	王华（2011）、赵东（2008）等	5
38	人口密度	成楠等（2010）、李兰（2010）等	5
39	工业用地效益（产值）	吕媛媛（2011）、吕俊仪（2008）等	4
40	土地招拍挂实现率	江立武（2011）、冯仁德等（2011）等	4
41	空气污染指数	赵东（2008）、张洁（2008）等	4
42	三废排放达标率	张会会等（2011）、袁旭东等（2009）等	4
43	污水处理率	麻海峰（2010）、沈健健（2009）等	4
44	环保投资比例	吕俊仪（2008）、梅昀等（2010）等	4
45	工业产值增长弹性系数	张平平等（2010）、赵刚（2010）等	4
46	建设用地年增长率	陈静（2011）、王伟等（2008）等	4
47	土地利用率	贺敏（2011）、成楠等（2010）、李兰（2010）	3
48	基础设施用地比例	李双异等（2008）、张平平等（2010）等	3
49	就业率	马璐（2011）、陈静（2011）、麻海峰（2010）	3
50	地均工业增加值	夏燕榕等（2010）、张洁（2008）、邹舒（2010）	3
51	工业用地利税率	李海玲（2010）、朱苹（2010）、张宇（2011）	3
52	环境噪声污染指数	刘吉伟（2009）、王铁成（2008）等	3
53	三废处理率	童恋等（2009）、谷家川等（2011）等	3
54	人均工资收入水平	史洪盛（2010）、李淑杰等（2012）等	3
55	地均COD排放量	陈逸等（2008）、韦仕川等（2011）、龚奇（2011）	3
56	地均SO_2排放量	陈逸等（2008）、韦仕川等（2011）、龚奇（2011）	3
57	商（服）业用地率	贺敏（2011）、夏燕榕等（2010）、张洁（2008）	3
58	人均道路广场用地面积	赵东（2008）、梅昀等（2010）、李兰（2010）	3
59	非农业人口比例	贺敏（2011）、李淑杰等（2012）、龚奇（2011）	3
60	生产性用地比例	夏燕榕等（2010）、沈健健（2009）等	3
61	固定资产投入增长弹性指数	麻海峰（2010）、赵刚（2010）、朱苹（2010）	3
62	地均二、三产业增加值	王昆等（2008）、赵东（2008）、梅昀等（2010）	3

图 2 - 5 显示了排名前 20 位的各指标在近 5 年开发区土地集约利用评价指标体系中出现的次数，可以看出如综合容积率、建筑密度、工业用地率以及工业用地产出强度等指标在各年均出现较多次数，说明用这些指标评价开发区土地集约利用程度得到了学者的广泛认可。

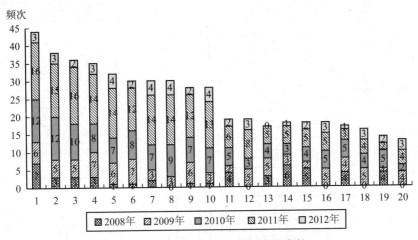

图 2 - 5　2008 ~ 2012 年指标出现次数

注：横轴的 1 ~ 20 对应表 2 - 2 中的前 20 位编号对应的指标。

根据前文提到开发区土地集约利用的定义、理论基础、影响因素以及现行指标体系的不足，结合本节的频度分析，去掉频度较低的指标，简化定义有重叠的指标，最终得到开发区土地集约利用评价指标体系由 4 个因素层、11 个子因素层以及 53 个指标所构成，如图 2 - 6 所示，其中土地利用状况因素主要体现在土地利用程度、用地结构状况、土地市场交易价格、土地利用强度四个方面。开发区经济因素主要体现在土地投入强度、土地产出强度和动态趋势三个方面。可持续发展因素主要体现在社会效益和生态效益两个方面。管理因素主要体现在土地利用监管绩效和土地利用市场化程度两个方面。开发区土地集约利用指标体系中提出的指标贯穿了地租地价、可持续发展、产业集群以及制度变迁等理论，涵盖了对开发区土地集约利用有重要影响的管理、经济、土地利用状况以及可持续发展因素，各指标含义参见附录问卷。

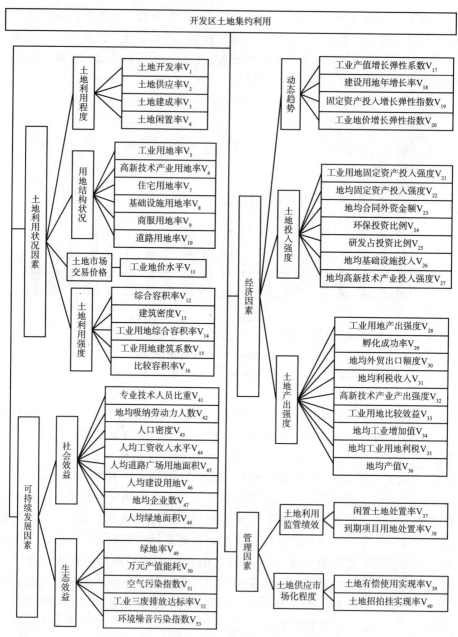

图 2-6　开发区土地集约利用评价指标体系

2.5 本章小结

　　本章首先对评价对象开发区及土地集约利用进行了定义；其次分析了土地集约利用的相关基础理论，以及这些理论在开发区土地集约利用中的应用；分析了开发区土地集约利用的影响因素以及各因素之间的相互作用；对现行的开发区土地集约利用评价指标体系的演变过程以及指标修改原因进行分析，提出了现行指标体系的不足；最后通过对现有一定时期内与开发区土地集约利用评价指标体系相关的文献进行频度分析，结合相关理论以及影响因素建立初步的开发区土地集约利用评价指标体系。

第 3 章

开发区土地集约利用评价指标体系的修正

本章将通过描述性分析、多元分析及项目反应理论，对指标体系进行修正，为后续的评价分析奠定基础。

3.1 研究设计

3.1.1 总体方案

（1）研究目标。

研究的具体目标是通过问卷调查和统计分析，对影响土地集约利用的指标进行验证；对开发区土地集约利用评价指标体系进行修正。

（2）调查对象。

问卷调查对象的选择主要考虑了以下因素：针对土地集约利用因素，选择与土地评价相关的单位，能够对评价的项目有一定的了解，保证数据的有效性；为了取得一定的实验效果，在选择调查对象时尽量选择具有土地评价经验的部门和个人。本次问卷调查的对象以西安高新技术开发区为主，结合西北五省区的国家级和省级开发区、西北五省区国土资源管理部门的相关人员。

（3）技术路线。

①个人访谈及实地座谈，通过对开发区相关政府部门负责人员的单独接触和部分集体座谈，了解他们对土地集约利用评价的看法、态度和建议，对所提出的 53 项指标的重要性作初步检验；

②问卷设计，在实地访谈的基础上，结合提出的关键因素，参考已有的相关量表进行调查问卷设计；

③通过 E - mail 和即时通讯工具进行问卷调查和数据收集，收集 200 个以上的有效样本数据；

④数据分析，利用收集到的有效样本数据作统计分析，对关键因素指标的合理性进行验证，修正指标体系。

3.1.2　量表和问卷设计

在关键因素指标提炼的基础上，本书进行了量表及调查问卷设计（问卷详细内容见附录 1），评价指标问卷主体包含两部分内容：

（1）人员统计信息变量。包括文化程度、工作年限、职称、土地定级经历、单位名称和所在部门等。除单位名称和所在部门外，均以结构化方式设计。

（2）影响因素调查。问卷的核心部分包含针对 53 个指标提出的 53 项测试题。首先在 5 名团队成员中进行先验测试，对容易产生混淆、表述内容相近的问题进行了修正，然后组织一次专家会谈，对问卷内容进行审核，得到由 53 项测试题组成的最终问卷。度量上采用五点李克特量表，备择项为"完全不重要""不重要""不太重要""重要""非常重要"，对应得分为 1～5 分。

3.2　数据收集与描述性分析

针对"开发区土地集约利用指标重要性"这一论题，采用问卷调查的方法进行相关的研究。总共发放 300 份调查问卷，在回收的调查问卷中，删去了一些缺省数据较多且有明显偏差的问卷，最终得到 206 份有效的调查问卷。

首先对有效问卷中的调查对象信息进行统计分析，各项信息中比重最大的分别为：工作年限 5～10 年的占 31.07%（65 人），有过土地定级经历的占 50.49%（104 人），学历本科以上的占 56.31%（116 人），职务科员以上的占 51.94%（107 人），职称中级以上的占 44.17%（91 人），说明调查的主体由长期从事土地相关工作，具有较好教育背景且熟悉土地定级的中高层管理人员和业务骨干组成。

在对主体问卷进行分析之前，首先对问卷进行信度的检验。信度表示对于同样的对象，运用同样的观测方法得出同样观测数据（结果）的可能性。在采用问卷法观测数据时，信度分析的目的在于了解问卷内部数据的一致性和可靠性。Cronbach Alpha 系数是检验量表的内部一致性的常用方法，Cronbach Alpha 系数值介于 0～1，Alpha 值越大表示信度越高。Cronbach 系数是一个统计量，是指量表所有可能的项目划分方法所得到的折半信度系数的平均值，是最常用的信度测量方法。它最先被美国教育学家克朗巴赫（Cronbach，1951）命名，其公式如下：

$$\alpha = \frac{K}{K-1}\left(1 - \frac{\sum_{i=1}^{K} \sigma_{Y_i}^2}{\sigma_X^2}\right) \qquad (3-1)$$

式中，K 为测试项目的数量；$\sigma_{Y_i}^2$ 为每个测试项目得分的方差；σ_X^2 为所有测试项所得总分的方差。

一般来说，该系数愈高，即工具的信度愈高。在本书研究中，信度只要达到 0.7 就可接受，而低于 0.5 则为低信度，必须予以拒绝。α 系数评价的是量表中各题项得分间的一致性，属于内在一致性系数。在本次调查结果中，问卷整体 Cronbach alpha 系数等于 0.831，表示内部一致性良好（见表 3-1）。

表 3-1　　　　　　　　　　指标描述性分析

指标	均值	标准差	指标	均值	标准差
土地开发率	4.5839	0.7405	万元产值能耗	1.1491	0.5509
土地供应率	4.8075	0.6566	工业用地产出强度	4.6460	0.8251
土地建成率	4.6832	0.8283	工业用地综合容积率	4.7143	0.7029
土地闲置率	2.8758	1.4365	工业产值增长弹性系数	1.8012	0.8867
工业用地率	4.6087	0.9690	地均外贸出口额度	1.1366	0.4496
地均产值	3.6894	1.1361	地均利税收入	2.9938	0.6239
住宅用地率	3.6832	1.7342	高新技术产业产出强度	4.2112	1.0843
基础设施用地率	3.6957	1.4072	工业用地比较效益	3.7391	0.7285
商服用地率	4.2360	0.7838	地均工业增加值	2.2236	0.8136
道路用地率	2.6087	0.7193	地均工业用地利税	2.6087	0.7686

续表

指标	均值	标准差	指标	均值	标准差
工业地价水平	3.8634	1.2866	地均吸纳劳动力人数	3.9609	0.9090
综合容积率	**4.5652**	0.5675	人均工资收入水平	1.2484	0.6513
建筑密度	**4.5776**	0.6380	人均道路广场面积	2.5820	**1.4205**
人口密度	1.1429	0.4592	高新技术产业用地率	3.6335	0.6501
工业用地建筑系数	**4.6957**	0.7657	工业地价增长弹性指数	2.6211	0.9263
比较容积率	2.5280	0.8797	地均固定资产投入强度	3.4969	0.6621
地均企业数	1.9317	0.7628	建设用地年增长率	2.6460	1.0871
工业用地固定资产投入强度	**4.8758**	0.5514	地均高新技术产业投入强度	3.8199	0.6245
绿地率	**3.5404**	**1.8703**	空气污染指数	2.7826	0.7284
人均绿地面积	2.7329	1.1186	工业三废排放达标率	2.8944	1.1012
孵化成功率	3.9689	1.0040	环境噪声污染指数	2.7950	0.6468
人均建设用地	3.0435	1.0342	闲置土地处置率	**4.7453**	0.7881
地均合同外资金额	3.4534	0.8976	到期项目处置率	**4.6460**	0.8581
环保投资比例	1.1429	0.4703	土地有偿使用实现率	2.9565	1.0637
研发占投资比例	3.6832	**1.4164**	土地招拍挂实现率	**4.7019**	0.7498
专业技术人员比重	3.5776	0.7429	固定资产投入增长	**4.1429**	0.9227
地均基础设施投入	3.9068	1.2659	弹性指数		

对收回量表的一般统计分析如表 3-1 所示，可以看出：

（1）土地开发率、综合容积率等 16 项指标均值在 4 之上，说明专家对这些指标对土地集约利用影响因素的重要性非常认同，这些指标大多是《评价规程》中的指标，说明专家在对土地评价工作较了解的同时，也受到了《评价规程》的影响；除此之外，高新技术产业用地率、工业地价水平等 13 项指标均值在 3.5 之上，说明专家对这些指标对土地集约利用影响因素的重要性比较认同；环保投资比例、地均外贸出口额度、人口密度、人均工资收入水平、万元产值能耗的得分均值在 1.3 之下，说明专家对于这几项指标对土地利用影响因素的重要性不认同，无法在评价中起到一定的影响。

（2）绿地率、住宅用地率、基础设施用地率、研发占投资比例、人均道路广场面积这几项指标的标准差较大。标准差为方差的算术平方根，能够反映组内个体间的离散程度，标准差越大表明参评人员的意见越不一致。对这些评分较高和较低的专家进行回访时，对于绿地率、住宅用地率和基础设施用地率，给低分的专家均认为在有限的开发区土地范围内，这几项不是集约利用最主要的体现，而给高分的专家则认为绿地率是可持续发展的重要表现，住宅是开发区高速发展的必要配套，基础设施是入驻企业的服务保障；对研发占投资比例给高分的专家认为国内开发区应该加大研发投入借鉴国际成功科技园区的经验，给低分的专家则认为这项指标与土地集约利用的关系不大；人均道路广场的得分本就不高，给低分的专家认为人均的口径不易统计，是按照居住人口还是就业人口，还是除去两者交叉人口的总人口呢？并且其中就业人口的数据变动也比较大。因此，这些指标需要做出进一步的分析，以决定是否对开发区土地集约利用评价具有较大的影响。

（3）总体上看，53 项因子中 30 项因子得分在 3.5 以上，其中指标绿地率为最小值 3.54，指标工业用地固定资产投入强度为最大值为 4.87，30 项因子总平均值为 4.21。对照量表关于重要性程度的记分标准（1 为完全不重要、2 为不重要、3 为不太重要、4 为重要、5 为非常重要），均值得分在 3 以下的有 20 项因子，均值得分在 2 以下的有 7 项因子，除地均企业数、工业产值增长弹性系数外的环保投资比例、地均外贸出口额度、人口密度、人均工资收入水平、万元产值能耗 5 项因子得分均接近 1，且标准差较小，可认为专家一致认为这 5 项因子不重要，可初步将其筛出。

3.3　基于多元分析的数据分析

描述性统计分析显示了 48 项指标因素均对开发区土地集约利用水平有或多或少的影响。但是通过精简之后，变量仍然较多，如果变量之间存在较强的相关性，则会造成信息重叠现象，指标数量过多对于评价也有可能造成信息的冗余。因此，需要考虑通过降维的方法，用因子分析和主成分分析法进行处理，确定关键影响因素，从而达到减少指标的目的。

3.3.1　因子分析

因子分析是通过研究众多变量之间的内部依赖关系，探求观测数据中的基本结构，并用少数几个假想变量（因子）来表示基本的数据结构的方法。因子分析是处理多变量数据的一种统计分析方法，其基本思想是以最少的信息丢失把众多的观测变量浓缩为少数几个因子，用较少的因子来概括和解释具有错综复杂关系的大量观测事实，从而建立起最简洁、最基本的概念系统，揭示出事物之间最本质的联系。因子分析的主要目的是用来描述隐藏在一组测量到的变量中一些更基本的但又无法直接测量到的隐性变量。

因子分析分为探索性的因子分析和验证性的因子分析。探索性的因子分析法（Exploratory Factor Analysis，EFA）是一项用来找出多元观测变量的本质结构，并进行降维处理的技术，能够将具有错综复杂关系的变量综合为少数几个核心因子。验证性的因子分析（Confirmatory Factor Analysis，CFA）是在一定的理论假设下的模型，即在验证性因素分析中，模型中因素之间是否有关和因素的个数均为已知，目的只是为了验证假设的模型结构是否合理。

本书对开发区土地集约利用评价指标进行的因子分析是不确定因素之间是否有关而进行降维处理，因此使用探索性因子分析法。在进行因子分析前，通常需要做 KMO 检验（Kaiser – Meyer – Olkin）和巴特利特球形检验（Bartlett Test of Sphericity）以确定数据集是否适合进行相应的分析。

KMO 统计量用于比较变量间简单相关和偏相关系数。如 KMO 的值越接近于 1，则所有变量之间的简单相关系数平方和远大于偏相关系数平方和，因此越适合作因子分析。如果 KMO 越小，则越不适合作因子分析。巴特利特球形检验是以变量的相关系数矩阵为出发点的。如果该值较大，即原始变量之间存在相关性，适合于因子分析；相反，如果该统计量比较小，认为相关系数矩阵可能是单位阵，不适合作因子分析。

多元分析方法除了因子分析之外，还有主成分分析的方法。主成分分析（Principal Component Analysis，PCA）就是将多个变量通过线性变换以选出较少个数重要变量的一种多元统计分析方法。主成分分析的原理是设法将原有变量重新组合成一组新的互相无关的几个综合变量，同时根据实际需要从中可以取出几个较少的综合变量，尽可能多地反映原有变量的信息（Ta et al.，2009），也是数学上处理降维的一种方法。

两种方法的不同点在于，主成分分析是研究如何通过少数几个主成分来解释多变量的方差—协方差结构的分析方法，也就是求出少数几个主成分（变量），使它们尽可能多地保留原始变量的信息，且彼此不相关。因子分析是根据相关性大小把变量分组，使同组内的变量之间相关性较高，但不同组的变量相关性较低，每组变量代表一个基本结构，这个基本结构称为公共因子。对于所研究的问题就可以试图用最少个数的不可测的公共因子的线性函数与特殊因子之和来描述原来观测的每一分量。主成分分析与因子分析的实证结果是不同的，表达式、主成分、因子得分、综合得分都是不同的。这两种方法都是从变量的方差—协方差矩阵的结构入手，因子分析方法又是基于主成分方法，因此又有着许多内在的联系。

3.3.2 分析结果及讨论

首先用 KMO 和 Barllet 球度检验验证回收的问卷是否适合因子分析，其结果如表 3 - 2 所示。结果表明：KMO 值为 0.885，表示各变量间的相关程度无太大差异，可认为适合作因子分析；Bartlett 值为 6840.216，相伴概率小于 0.01，表示相关系数矩阵不是一个单位矩阵，故认为适合进行因子分析。

表 3 - 2   **KMO 和 Bartlett 检验**

取样足够度的 Kaiser – Meyer – Olkin 度		0.885
Bartlett 球形度检验	近似卡方	6840.216
	df	1128
	Sig.	0.000

通过 SPSS 计算得出如表 3 - 3 所示的变量共同度，大部分变量的共同度都在 0.6 以上，占总数的 83.33%，最大值土地闲置率为 0.834，只有高新技术产业产出强度与地均企业数两项低于 0.5，说明原始变量被公共因子解释程度较高，仅有少量的信息丢失，因子分析的效果较为理想。

表 3 - 3　　　　　　　　　　　　变量共同度

指标	初始	提取	指标	初始	提取
土地开发率	1.000	0.590	专业技术人员比重	1.000	0.602
土地供应率	1.000	0.663	地均基础设施投入	1.000	0.812
土地建成率	1.000	0.658	地均高新技术产业投入强度	1.000	0.593
土地闲置率	1.000	0.834	工业用地固定资产投入强度	1.000	0.762
工业用地率	1.000	0.621	工业用地产出强度	1.000	0.674
地均企业数	1.000	0.473	工业产值增长弹性系数	1.000	0.714
住宅用地率	1.000	0.746	高新技术产业产出强度	1.000	0.490
基础设施用地率	1.000	0.747	工业用地比较效益	1.000	0.514
商服用地率	1.000	0.606	地均工业增加值	1.000	0.644
道路用地率	1.000	0.531	地均工业用地利税	1.000	0.761
工业地价水平	1.000	0.694	地均吸纳劳动力人数	1.000	0.828
综合容积率	1.000	0.533	人均道路广场面积	1.000	0.794
建筑密度	1.000	0.825	地均固定资产投入强度	1.000	0.637
人均绿地面积	1.000	0.754	工业地价增长弹性指数	1.000	0.683
工业用地建筑系数	1.000	0.751	工业用地综合容积率	1.000	0.846
比较容积率	1.000	0.732	高新技术产业用地率	1.000	0.750
绿地率	1.000	0.725	空气污染指数	1.000	0.698
建设用地年增长率	1.000	0.624	工业三废排放达标率	1.000	0.816
地均产值	1.000	0.725	环境噪声污染指数	1.000	0.657
人均建设用地	1.000	0.733	闲置土地处置率	1.000	0.741
孵化成功率	1.000	0.631	到期项目处置率	1.000	0.631
地均利税收入	1.000	0.678	土地有偿使用实现率	1.000	0.619
地均合同外资金额	1.000	0.519	土地招拍挂实现率	1.000	0.658
研发占投资比例	1.000	0.820	固定资产投入增长弹性指数	1.000	0.772

　　因子提取和因子旋转的结果如表 3 - 4 所示。可以看出，特征值大于 1 的因子有 11 个，累计方差贡献率为 69.067%，仅包含了 69% 的原始指标信息。

一般地，所提取主成分的累计贡献率要大于85%，才能基本保留原来因子的信息，因此因子提取结果并不理想。

表 3 – 4　　　　　　　　　　因子提取和因子旋转结果

成分	初始特征值			提取平方和载入			旋转平方和载入		
	合计	方差%	累积%	合计	方差%	累积%	合计	方差%	累积%
1	12.347	25.723	25.723	12.347	25.723	25.723	9.941	20.710	20.710
2	5.716	11.908	37.631	5.716	11.908	37.631	6.623	13.798	34.509
3	3.749	7.811	45.442	3.749	7.811	45.442	4.546	9.470	43.979
4	1.953	4.069	49.511	1.953	4.069	49.511	1.832	3.816	47.795
5	1.810	3.771	53.282	1.810	3.771	53.282	1.777	3.702	51.497
6	1.509	3.143	56.425	1.509	3.143	56.425	1.695	3.531	55.028
7	1.483	3.090	59.515	1.483	3.09	59.515	1.515	3.157	58.184
8	1.267	2.640	62.155	1.267	2.64	62.155	1.387	2.889	61.074
9	1.177	2.452	64.607	1.177	2.452	64.607	1.358	2.829	63.903
10	1.123	2.340	66.947	1.123	2.34	66.947	1.244	2.591	66.494
11	1.018	2.120	69.067	1.018	2.12	69.067	1.235	2.573	69.067
12	0.947	1.973	71.04						
13	0.921	1.918	72.958						
14	0.882	1.837	74.795						
15	0.822	1.713	76.509						
16	0.793	1.653	78.162						
17	0.717	1.493	79.655						
18	0.699	1.456	81.111						
19	0.657	1.368	82.479						
20	0.628	1.309	83.788						
21	0.602	1.255	85.042						
22	0.534	1.112	86.155						
23	0.528	1.101	87.255						

成分	初始特征值			提取平方和载入			旋转平方和载入		
	合计	方差%	累积%	合计	方差%	累积%	合计	方差%	累积%
24	0.513	1.068	88.323						
25	0.500	1.041	89.365						
26	0.463	0.965	90.33						
27	0.406	0.847	91.176						
28	0.391	0.815	91.992						
29	0.359	0.747	92.739						
30	0.346	0.721	93.459						
31	0.316	0.659	94.118						
32	0.276	0.575	94.693						
33	0.264	0.549	95.242						
34	0.255	0.531	95.773						
35	0.246	0.513	96.286						
36	0.222	0.462	96.749						
37	0.211	0.440	97.189						
38	0.196	0.407	97.596						
39	0.172	0.358	97.954						
40	0.165	0.345	98.299						
41	0.15	0.313	98.612						
42	0.14	0.292	98.904						
43	0.128	0.266	99.170						
44	0.107	0.223	99.394						
45	0.095	0.198	99.591						
46	0.073	0.151	99.743						
47	0.066	0.138	99.88						
48	0.057	0.12	100						

因子析取方法采用主成分法，同时选取 Promax 斜交旋转方法，经过 14 次迭代，得到收敛模式矩阵，如表 3 − 5 所示。在该模式矩阵中，选取因子载荷大于 0.6 的指标作为关键指标，共有 28 项，对应 11 个公共因子。但是从表中可以看出，第 6 个因子中，所有指标的因子载荷都小于 0.6，说明指标对这一因子的贡献比较平均，没有特别大的影响指标。因子 4、8、9、10 和 11 由于只有单一指标反映该公共因子，因而不具有较好的解释力。

表 3 − 5　　　　　　　　　　因子载荷矩阵（旋转）

指标	1	2	3	4	5	6	7	8	9	10	11
V_1	− 0.108	0.417	− 0.414	0.251	− 0.009	− 0.077	− 0.013	0.188	0.298	0.031	0.111
V_2	0.019	− 0.005	0.049	0.002	− 0.015	0.005	− 0.056	− 0.146	**0.934**	0.4	− 0.122
V_3	− 0.007	− 0.02	0.073	0.001	− 0.123	− 0.117	**0.882**	− 0.172	− 0.007	0.273	− 0.087
V_4	− 0.318	− 0.84	0.232	− 0.008	− 0.004	0.117	0.018	0.012	− 0.004	0.082	0.12
V_5	− 0.174	0.045	0.11	0.516	0.128	− 0.001	0.07	0.211	0.22	0.442	− 0.042
V_6	0.148	0.589	0.003	0.154	0.126	0.093	0.193	− 0.11	− 0.127	0.065	0.08
V_7	− 0.098	**0.797**	0.237	0.145	− 0.058	0.052	0.042	− 0.025	0.057	0.05	− 0.042
V_8	0.44	− 0.075	0.559	0.309	− 0.017	0.003	0.032	0.039	0.055	− 0.021	− 0.124
V_9	− 0.343	0.018	**0.725**	0.133	0.066	0.121	0.209	0.104	− 0.035	0.124	0.065
V_{10}	0.195	− 0.148	0.012	0.019	0.004	0.561	− 0.074	0.072	0.266	0.049	0.082
V_{11}	**0.719**	0.242	0.067	0.178	0.051	0.108	− 0.016	0.035	0.015	− 0.003	0.049
V_{12}	− 0.02	− 0.017	− 0.002	0.049	− 0.004	− 0.015	0.152	− 0.026	0.408	**0.906**	0.116
V_{13}	− 0.037	0.021	0.049	− 0.046	**0.739**	− 0.088	− 0.03	− 0.01	− 0.157	0.151	− 0.158
V_{14}	0.018	0.05	− 0.031	− 0.119	**0.757**	0.129	− 0.25	0.061	− 0.02	0.029	0.226
V_{15}	− 0.035	− 0.108	0.082	− 0.069	**0.668**	− 0.045	0.171	− 0.155	0.193	− 0.259	− 0.043
V_{16}	0.27	**0.714**	0.055	0.115	− 0.014	0.113	0.058	0.056	− 0.151	− 0.018	− 0.063
V_{17}	− 0.425	0.311	**0.634**	− 0.213	− 0.002	− 0.038	0.021	0.119	− 0.16	− 0.131	0.082
V_{18}	0.111	0.029	**0.871**	0.002	− 0.014	− 0.021	− 0.015	0.069	0.039	− 0.057	0.025
V_{19}	**0.937**	− 0.062	− 0.192	− 0.191	− 0.008	− 0.01	0.127	0.049	− 0.059	− 0.041	0.027
V_{20}	0.299	0.584	0.08	− 0.045	− 0.033	0.093	0.199	0.033	− 0.073	− 0.089	− 0.068
V_{21}	0.431	− 0.115	0.151	− 0.225	0.016	− 0.805	0.125	0.102	0.237	0.052	− 0.115

续表

指标	1	2	3	4	5	6	7	8	9	10	11
V_{22}	-0.115	0.069	**0.852**	-0.083	0.034	-0.112	-0.025	-0.103	0.09	0.032	0.1
V_{23}	0.326	**0.666**	0.043	0.038	-0.051	-0.08	0.084	0.027	0.089	0.11	-0.071
V_{24}	0.527	0.092	0.512	-0.059	0.002	0.156	-0.038	0.028	-0.013	-0.041	0.006
V_{25}	**0.805**	0.224	0.119	0.149	0.019	-0.054	0.027	-0.037	0.043	0.004	0.069
V_{26}	0.487	0.216	0.445	-0.094	-0.1	-0.086	-0.071	-0.144	-0.011	0.124	0.352
V_{27}	0.25	-0.267	0.175	-0.185	0.03	0.127	0.064	-0.045	-0.134	0.118	**0.959**
V_{28}	**0.9**	0.029	-0.166	0.038	-0.022	-0.107	-0.092	0.122	-0.125	0.097	0.226
V_{29}	-0.196	0.003	-0.155	0.283	-0.049	-0.606	-0.097	0.092	-0.059	0.007	0.002
V_{30}	0.38	0.535	0.015	-0.127	0.279	-0.135	0.06	0.074	-0.018	0.03	0.016
V_{31}	**0.686**	-0.049	0.144	0.045	-0.021	-0.218	-0.113	-0.039	0.175	0.079	0.026
V_{32}	-0.063	0.586	0.312	-0.095	-0.074	0.001	-0.033	0.113	-0.123	0.074	-0.155
V_{33}	-0.394	0.296	-0.049	0.144	-0.085	-0.226	-0.005	-0.384	-0.095	-0.071	0.047
V_{34}	0.203	-0.862	0.036	0.272	0.036	0.011	0.209	0.042	-0.144	0.023	0.023
V_{35}	0.128	-0.035	0.054	0.12	-0.014	-0.078	-0.23	**0.958**	-0.203	0.02	-0.068
V_{36}	-0.09	0.139	0.059	0.224	0.011	0.027	**0.628**	-0.076	-0.117	-0.097	0.249
V_{37}	-0.828	-0.155	0.504	0.189	-0.034	-0.007	-0.054	0.084	-0.08	0.002	0.021
V_{38}	-0.093	-0.069	0.067	-0.094	-0.148	-0.127	0.246	0.394	0.17	-0.253	0.134
V_{39}	**0.782**	-0.166	0.189	-0.032	-0.001	-0.3	-0.07	-0.022	-0.197	-0.026	0.11
V_{40}	**0.612**	0.28	-0.151	-0.079	-0.027	0.16	0.067	0.084	-0.159	0.053	-0.054
V_{41}	**0.844**	-0.095	-0.091	0.276	-0.026	0.021	0.011	0	0.032	-0.038	0.009
V_{42}	**0.63**	-0.223	-0.32	0.432	0.02	0.065	-0.009	-0.083	-0.078	-0.012	-0.003
V_{43}	0.302	0.134	0.124	-0.014	-0.158	0.299	-0.233	-0.104	0.32	-0.01	0.008
V_{44}	0.265	-0.877	-0.033	0.186	-0.004	0.004	0.071	0.135	-0.058	0.079	0.062
V_{45}	**0.889**	0.16	-0.201	-0.119	-0.062	0.054	0.02	0.063	0.035	-0.019	0.012
V_{46}	0.491	0.067	0.259	0.223	0.155	-0.029	-0.186	-0.042	0.079	-0.249	-0.143
V_{47}	**0.602**	-0.081	0.518	0.095	-0.034	0.015	0.006	-0.014	0.091	-0.097	-0.068
V_{48}	0.222	-0.151	-0.016	**0.729**	-0.174	0.027	0.064	-0.018	-0.091	-0.098	-0.14

在对指标数据进行因子分析之后，使用主成分分析的方法进行分析。由表3-4可知，提取出18个主成分才能使累积的方差达到80%以上。表3-6中的数据为截取前8个主成分的结果，从表3-6可以看出，在第7个主成分中，没有指标具有较高的载荷，所有数值均低于0.5。前几个主成分中，载荷较高的指标的解释性不强，主成分分析的结果并不理想。

表3-6　　　　　　　　　　主成分负载系数矩阵

指标	主成分1	主成分2	主成分3	主成分4	主成分5	主成分6	主成分7	主成分8
V_1	-0.06472	0.054945	-0.46642	-0.44386	0.165226	0.142569	-0.15732	-0.04774
V_2	-0.20698	-0.03441	0.237097	-0.26605	0.108047	0.261072	-0.27378	-0.15378
V_3	-0.09954	0.09956	-0.0508	-0.28025	-0.08643	0.354093	0.21907	0.044804
V_4	**0.65596**	-0.34215	0.496077	-0.01462	-0.05234	0	0.162261	-0.09575
V_5	-0.06669	-0.00179	0.114409	**-0.5379**	0.01793	-0.01056	-0.20985	-0.22004
V_6	**-0.5297**	0.306271	-0.27904	-0.15891	-0.06199	-0.11815	-0.03104	-0.12311
V_7	**-0.5214**	**0.62804**	-0.07255	-0.14519	0.151109	-0.06713	-0.13965	-0.05171
V_8	**-0.629**	-0.11788	**0.52368**	-0.13976	0.037544	-0.07515	-0.13111	0.095158
V_9	-0.09456	0.432924	**0.53808**	-0.28518	-0.05726	-0.05452	0.11015	-0.05033
V_{10}	-0.39195	-0.23126	0.171336	-0.1882	0.213402	-0.19008	0.266929	-0.15572
V_{11}	**-0.8909**	-0.15808	-0.01947	-0.08405	0.016271	-0.08238	-0.02713	-0.04771
V_{12}	-0.06507	0.08965	0.070182	-0.16025	-0.07394	0.308994	-0.08274	**-0.5673**
V_{13}	0.001741	0.058053	-0.10192	-0.09	**-0.6646**	-0.30051	-0.08092	-0.0123
V_{14}	-0.08902	0.02758	-0.16673	-0.16124	**-0.5856**	-0.3159	0.042016	-0.17386
V_{15}	-0.02963	-0.08892	-0.03367	-0.3695	**-0.5476**	-0.16567	-0.0334	0.236327
V_{16}	**-0.7129**	0.370767	-0.29562	-0.06809	0.096618	-0.13244	-0.01563	-0.0061
V_{17}	0.021965	**0.76577**	0.225821	0.050457	-0.03274	0.005782	0.132481	0.111953
V_{18}	-0.45897	0.341209	**0.69225**	-0.01975	-0.04543	0.008035	-0.00348	0.083931
V_{19}	**-0.7475**	-0.3931	-0.17246	0.151775	-0.09557	0.137659	0.218903	0.087085
V_{20}	**-0.7069**	0.334153	-0.22966	-0.06752	0.066592	-0.04011	0.122944	0.110473

续表

指标	主成分 1	主成分 2	主成分 3	主成分 4	主成分 5	主成分 6	主成分 7	主成分 8
V_{21}	- 0. 13057	- 0. 0338	0. 087355	0. 075366	- 0. 34544	**0. 60436**	- 0. 23768	0. 321267
V_{22}	- 0. 19236	0. 491147	**0. 64753**	0. 06292	- 0. 14716	0. 061323	- 0. 11027	- 0. 02365
V_{23}	**- 0. 7085**	0. 355259	- 0. 22007	- 0. 05519	0. 068056	0. 089663	- 0. 10518	- 0. 00313
V_{24}	**- 0. 788**	0. 084927	0. 401503	0. 097266	- 0. 01256	- 0. 08398	0. 109291	0. 022635
V_{25}	**- 0. 9008**	- 0. 15834	0. 011366	- 0. 02699	- 0. 04124	0. 04135	- 0. 10888	- 0. 02513
V_{26}	**- 0. 6039**	0. 231693	0. 258606	0. 236887	- 0. 07665	0. 164528	- 0. 06985	- 0. 24676
V_{27}	0. 26776	**- 0. 7373**	0. 300396	- 0. 16158	- 0. 09392	- 0. 00768	0. 098135	0. 022786
V_{28}	- 0. 05939	- 0. 0415	0. 070159	0. 013606	- 0. 21698	0. 242517	0. 321692	**- 0. 5196**
V_{29}	**- 0. 6807**	- 0. 35554	- 0. 17842	0. 134431	- 0. 07807	0. 136935	0. 005841	- 0. 13893
V_{30}	0. 492659	- 0. 04604	- 0. 20462	- 0. 05428	- 0. 05209	0. 239618	- 0. 44349	0. 076001
V_{31}	**- 0. 6531**	0. 293655	- 0. 27911	- 0. 06279	- 0. 28166	0. 033836	- 0. 00253	0. 041728
V_{32}	**- 0. 5613**	- 0. 24691	0. 171572	0. 105404	- 0. 07828	0. 166247	- 0. 20321	- 0. 0159
V_{33}	- 0. 39026	**0. 61399**	0. 020376	0. 118994	0. 082541	- 0. 03522	0. 010393	0. 029296
V_{34}	0. 402134	0. 270009	- 0. 18983	0. 12164	0. 02472	8. 21E -05	- 0. 35135	- 0. 07887
V_{35}	- 0. 20553	- 0. 01652	0. 036633	- 0. 27419	0. 097661	0. 069927	0. 259799	0. 212849
V_{36}	- 0. 11728	0. 104858	- 0. 16432	- 0. 48747	- 0. 04116	0. 118028	0. 181107	0. 021999
V_{37}	**0. 66089**	0. 360905	0. 465073	- 0. 15231	0. 060365	- 0. 09703	- 0. 08022	- 0. 02034
V_{38}	0. 012973	0. 067766	0. 011241	- 0. 38951	0. 114136	0. 354766	0. 28193	0. 304008
V_{39}	- 0. 47775	- 0. 2801	0. 15255	0. 298866	- 0. 21342	0. 138572	- 0. 10377	0. 021499
V_{40}	**- 0. 7304**	- 0. 05679	- 0. 22934	0. 114892	0. 035609	- 0. 05355	0. 195515	- 0. 01623
V_{41}	**- 0. 7083**	**- 0. 5456**	- 0. 00796	- 0. 0726	0. 056179	- 0. 01797	- 0. 08498	0. 006236
V_{42}	- 0. 34142	**- 0. 7097**	- 0. 14713	- 0. 09435	0. 057921	- 0. 1485	- 0. 1628	- 0. 07678
V_{43}	0. 253779	**- 0. 7583**	0. 285408	- 0. 09671	- 0. 05516	0. 055736	0. 113293	- 0. 01907
V_{44}	**- 0. 5149**	- 0. 02861	0. 209659	0. 086078	0. 275606	- 0. 09308	- 0. 03404	- 0. 10438
V_{45}	**- 0. 8629**	- 0. 26724	- 0. 20718	0. 116201	0. 034092	0. 091997	0. 136302	0. 03674

指标	主成分 1	主成分 2	主成分 3	主成分 4	主成分 5	主成分 6	主成分 7	主成分 8
V_{46}	**-0.5885**	-0.19142	0.226311	-0.05049	-0.0506	-0.20083	-0.24893	0.182174
V_{47}	**-0.734**	-0.13127	0.488375	0.006551	0.006893	-0.01557	-0.04186	0.123177
V_{48}	-0.15547	-0.49584	0.109013	-0.29458	0.299858	-0.1816	-0.29368	0.043062

从因子分析对本量表的处理来看，这种方法对于提取影响土地集约利用的相关因素不太合适，原因在于：（1）虽然问卷数据通过了 KMO 和 Bartlett 检验，但是因子分析特征值大于 1 的因子仅包含了 69% 的原始指标信息，效果不太理想。（2）在一些公共因子中，没有因子载荷大于 0.6 的指标，不能反映出这一因子的特性。（3）通过与专家进行讨论，也无法对提取出的因子作出合理的解释，因子中的指标也无法反映某一方面具体的特征，因此需要考虑其他方法对量表作出分析。

使用多元分析的方法如因子分析和主成分分析的方法，难以筛选出重要的指标。本书研究的开发区土地集约利用评价指标体系，由于指标项目较多，调查问卷的题目也有可能使评价人对指标重要性的理解造成障碍，因此，本书考虑对问卷本身能够提供的信息出发，对问卷本身以及评价人进行分析。

3.4 基于项目反应理论的指标选择模型的构建

探索性因子分析法在建立客观测量时是有明显缺陷的，会使研究者无法控制最终所得出的因子结构。研究者无法测试任何先验因子结构，数据所产生的结果便是最终结果（Marsh，1993）。因此，在以数据为基础的研究中，要想取得一个稳定的因子结构几乎是不可能的，从这个意义上讲如果没有建立起一个独立于数据的、客观的尺度，就不具备"客观"测量的要求。本节将对问卷进行基于项目反应理论的分析，以期对开发区土地集约利用评价指标进行修正。

3.4.1 项目反应理论

项目反应理论（Item Response Theory，IRT）主要是用来描述项目特性

（难度、鉴别度、猜测度）与受测者的能力（潜在特质）如何影响其答题反应的一种数学模式，也称潜在特质理论或潜在特质模型，是一种现代心理测量理论，能够指导项目筛选和测验编制、了解问卷的特征以及估计受测者的能力。

项目反应理论假设受测者有一种"潜在特质"，潜在特质是在观察分析测验反应基础上提出的一种统计构想，在测验中，潜在特质一般是指潜在的能力，并经常用测验总分作为这种潜力的估算。项目反应理论认为受测者在测验项目的反应和成绩与他们的潜在特质有特殊的关系。项目反应理论是建立在潜在特质理论基础上的，它通过建立一定的项目反应模型来描述这种关系。通过项目反应理论建立的项目参数具有恒久性的特点，意味着不同测量量表的分数可以统一。项目反应理论通过项目反应曲线综合各种项目分析的资料，可以综合直观地看出项目难度、鉴别度等项目分析的特征，从而起到指导项目筛选和编制测验比较分数等作用，可用于对指标体系的确定。

依据其采用的项目参数的数量，项目反应理论模型主要可以分为 3 种：单参数模型、双参数模型和三参数模型。

$$P(\theta) = \frac{1}{1 + e^{-D(\theta - b)}} \tag{3-2}$$

$$P(\theta) = \frac{1}{1 + e^{-Da(\theta - b)}} \tag{3-3}$$

$$P(\theta) = c + \frac{(1 - c)}{1 + e^{-Da(\theta - b)}} \tag{3-4}$$

其中，$D = 1.7$；$P(\theta)$ 为任何一个能力为 θ 的受测者答对该试题上正确反应的概率；a 为区分度参数或项目区分度；b 为项目难度系数；c 为猜测系数。

通过分析三参数模型，可以估计每个测试项目的猜测系数、难度和区分度。猜测系数表示受测者倾向于认同该项指标的重要性，它的值越大，说明不论受测者能力高低，都容易认同该项目指标重要。难度表明被测者认同该项指标的重要性的可能性较低。项目的区分度值越大说明题目对受测者的区分程度越高，数值越低越表明项目不能提供足够的信息给受测者。

除了上述三个模型之外，常用的项目反应理论模型还有拉斯（Rasch）提出的潜在特质模型，该模型为项目反应理论的简化模型，这一模型假设每道试题的鉴别度相同，受测者的能力、题目的难度以及受测者给出正确答案的可能性可以通过公式来描述。Rasch 模型对于测量有两个要求：对任何题目，能力高的个体应该比能力低的个体有更大可能做出正确回答；任何个体在容易题目上的表现应该始终好过在困难题目上的表现。

假设 θ_m 为受测者 m 的能力，b_i 为题目的难度，令：

$$\theta_m = \ln\left(\frac{P_{mj}}{1 - P_{mj}}\right)$$

$$b_i = \ln\left(\frac{1 - P_{ni}}{P_{ni}}\right)$$

则有下列公式：

$$\theta_m - b_i = \ln\left(\frac{P_{mi}}{1 - P_{mi}}\right) \tag{3-5}$$

受测者 m 答对题目 i 的概率为 P_{mi}，受测者 n 答对题目 i 的概率为 P_{ni}，m 与 n 的能力之比为：

$$\frac{P_{mi}(1 - P_{ni})}{(1 - P_{mi})P_{ni}}$$

由于不同的题目对于 m 与 n 的能力比较是相同的，因此：

$$\frac{P_{mi}(1 - P_{ni})}{(1 - P_{mi})P_{ni}} = \frac{P_{mj}(1 - P_{nj})}{(1 - P_{mj})P_{nj}}$$

若 n 为标准的受测者，题目 j 为标准题目，那么受试者 n 的能力与题目 j 难度相同，$P_{nj} = 0.5$。可得：

$$\frac{P_{mi}}{(1 - P_{mi})} = \frac{P_{mj}P_{ni}}{(1 - P_{mj})P_{nj}} \tag{3-6}$$

将式（3-6）代入式（3-5），可求出受测者 m 答对题目 i 的概率：

$$P_{mi} = \frac{e^{(\theta_m - b_i)}}{1 + e^{(\theta_m - b_i)}} \tag{3-7}$$

在项目反应理论的模式中，受测者在某个题目上答对的概率同时受到受测者能力与试题难易度的影响；而受测者在测验上的整体表现就是各题目答对概率的联合概率。通过这个数学公式与联合概率的概念，就能根据受测者在各个题目上的答题反应来估计受测者的能力以及题目的难易度，并且让接受不同题目的受测者的能力可以互相比较。

根据 Rasch 模型所绘制出的曲线也称为项目特征曲线（Item Characteristic Curve，ICC）。其意义在于描述出"成功解答某一特定考试项目的可能性"和"被测试者能力"（在函数中以 θ 表示）之间的关系。一般项目特征曲线图如图 3-1 所示。

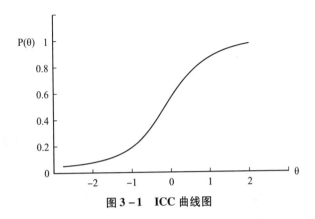

图 3 - 1　ICC 曲线图

　　式（3 - 7）中项目难度参数 b_i 一般表示在 ICC 图像最陡的那一点所对应的 θ 值。对于下限为 0 的 ICC 函数来说，其所对应的是概率为 0.5 的受测者能力值。改变项目难度会导致曲线的左右移动，但是形状不变。当项目难度值增加，会使 ICC 曲线向 θ 值高的方向移动，这会导致即使受测者的能力 θ 不变，但是答题正确率下降，亦即题目难度增加，反之亦然。

　　项目反应理论是许多项目反应模式的总称，常见的项目反应理论模式可以根据其所包含的项目参数数目来分，分为单参数的拉斯模式（Masters，1982）、二参数模式（Birnbaum，1982）与三参数模式（Lord，1952）；也可以依据计分形态来分，分成二元计分（Dichotomous）与多元计分（Polytomous）模式；或是依据适用的作答方式来分，分成评定量尺（Rating Scale）模式、部分计分（Partial Credit）模式、名义量尺（Nominal Scale）模式等。

　　二元计分模式是指受测者在题目上的答题反应只有答对或答错两种。多元计分是指受测者在题目上的答题结果不止有一种，而是有很多种可能性，如常见的李克特量表，将受测者在量表题目上的答题反应分成非常不同意、不同意、同意、比较同意、非常同意等，并对应 1 ~ 5 分的分值。常见的模式有部分给分模式（Partial Credit Model，PCM）（Wright and Masters，1982）、评定量表模式（Rating Scale Model，RSM）（Wright B. D. et al.，1986）。

　　部分给分模式只需要项目的评分点有次序的概念，得到低分比较容易，得到高分比较难时，就能适用于这种模式。评定量表模式主要是适用在量表中所有的题目都有相同的计分方式时，其基本假设是受测者在各评分点上的差异，对所有题目而言都是相同的（Andrich，1978）。由于本书的问卷计分方式都相同（都是 5 点计分），则可以采用评定量表模式。评定量表模式的公式如下：

$$P_{ix}(\theta) = \frac{\exp\left\{\sum\limits_{j=0}^{X}\left[\theta - (\lambda_i + \delta_j)\right]\right\}}{\sum\limits_{r=0}^{m}\exp\left\{\sum\limits_{j=0}^{X}\left[\theta - (\lambda_i + \delta_j)\right]\right\}} \qquad (3-8)$$

式中：λ_i 为第 i 题的平均难度；δ_j 为量表中各评分点的难度阶与平均难度之差距；$\sum\limits_{j=0}^{X}\left[\theta - (\lambda_i + \delta_j)\right] \equiv 0$。

应用项目反应理论的两项重要基本假设分别为单向度（Unidimensionality）与局部独立性（Local Independency）。在应用项目反应理论之前需要验证这两项假设，来决定材料是否具备良好的测量特性以适用项目反应理论模式进行分析。单向度要求问卷所要测量的是一种心理特质（结构），如在本书中的"土地集约利用的理解"，但单向度并不意味着受测者在答问卷时只适用一种能力来回答，而是有一种较强的因素可以解释受测者反应的变异。局部独立性是指受测者对项目的反应，他们之间的相关性只是由于受测者的心理特质引起的，一旦这种心理特质被控制，受测者与项目反应之间没有明显的相关性。

3.4.2　基于项目反应理论的指标选择模型

为了能够有效地对指标体系进行修正，去除不合理的指标，当多元分析不能达到既定目标时，在项目反应理论的基础上，本节构建了基于项目反应理论的指标选择模型，如图 3-2 所示，这一模型通过应用项目反应相关理论，能够对指标进行筛选，以去掉对开发区土地集约利用评价不太合适的指标。模型首先通过问卷的数据中的指标体系，对评价人的项目反应进行估计，以去除项目反应不佳的评价人。其次通过项目临界值和项目信息的估计，找出问卷项目反应不佳的指标，同时应用三参数模型估计问卷项目的信息，筛选出不合适的指标。最后从项目反应良好的评价人中选出专家，对筛选的指标进行确认，建立最终修正的评价指标体系。

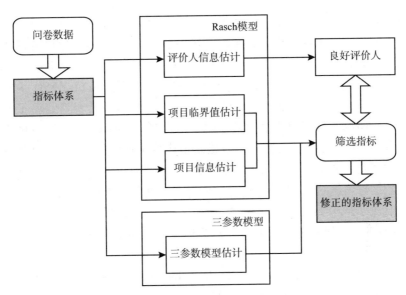

图 3 - 2　基于项目反应理论的指标选择模型

在应用项目反应理论之前，首先需要对数据集进行单向度和局部独立性检验。使用项目反应理论的前提条件是测验反应数据必须符合单维性假设，一般采用因子分析方法抽取因素。传统检验单向度的方法由因子分析、主成分分析等来检验该测试是否只能提取出单一因子或单一主成分，或者第一因子的特征值与第二因子的特征值之比大于 2，同时第一特征值所能解释的方差至少达到20%。参照表 3 - 4 的因子分析结果，第一因子特征值与第二因子特征值之比为 12. 347/5. 716 = 2. 16，第一特征值所能解释的方差为 25. 723，而其他因子所解释的方差较小（不超过 8%），说明数据集的单向度适合使用项目反应理论进行分析。

关于局部独立性的检验，由于本量表的对象是了解土地评价的相关专家，问卷结果大部分具有如下的特点：对于问卷的项目评分取决于其掌握的行业经验和知识；与项目反应理论最初应用在考试范围相比，受测者不受题目的正确性影响，换句话说，前一项目的回答状态不会影响后一项目的选择结果。因此各题目间的选择概率没有显著相关，问卷结果满足局部独立性要求。

Rasch 模型根据受测者在一系列项目上的反应，对受测者和项目的难度进行参数估计。这种估计存在实际数据与期望模型的拟合问题，因此需要进行数据模型拟合检验来考查数据在多大程度上拟合理论模型。只有测量具有较好的检验，受测者水平和项目难度的参数估计才是可信的。Rasch 模型可以通过两种形式的卡方拟合指标来分析，分别称为偏离反应（Outfit Mean Square，Outfit MNSQ）和信息加权（Infit Mean Square，Infit MNSQ）。Outfit MNSQ 是残差的均方，对异常数据较为敏感，它是评估等级量表质量的一个标准，不拟合均方值大于 2 表明没测量到的变量信息比测量到的多（Linacre，1999），也就是某些选项分类将噪音引入了测量过程，极端值产生了极大的残差。Infit MNSQ 是加权后的残差均方（以方差为加权系数），对项目难度与受测者个体能力水平相当的数据较为敏感。Infit MNSQ 和 Outfit MNSQ 的可接受的取值范围在很大程度上取决于研究目的，利纳克尔（Linacre，2006）建议选取范围为 0.5 ~ 1.5，也有更多的研究选取了更为严格的标准，例如莫克（Mok et al.，2006）选取范围为 0.7 ~ 1.3，沃尔夫（Wolfe，1999）选取范围为 0.8 ~ 1.4。Outfit 和 Infit 的标准化形式分别为 Outfit ZSTD 和 Infit ZSTD，服从期望为 0，标准差为 1 的 t 分布，其可接受值一般在 -2 ~ 2。

在通过适用性分析之后，首先应用项目反应理论对受测者的信息进行分析。由于受测者受教育程度和从业年限存在区别，分布范围涉及行业较多，因此受测者对问卷的理解、态度以及对业务的理解也有区别，因此要分析出最终的影响因素，需要对受测者自身的能力作出评估。

通过对问卷的数据 Infit 和 Outfit 值的估计，可以得到受测者的信息，表 3-7 列举了部分评价人的项目反应特征信息，Outfit 值与 Infit 值的形式类似，Outfit 统计量只是对于那些自身一致性比较好的评分者偶尔给出的奇异值比较敏感。为使测量可信度较高，选取 0.7 ~ 1.2 为受测者的 MNSQ 的取值范围，ZSTD 取值范围为 -2 ~ 2。如果受测者的 MNSQ 值大于 1.2，表明该人员在评定过程中的变异大于模型期望的变异程度，该受测者的评分自身一致性比较差。如果受测者的 MNSQ 值小于 0.7，则表明其在评定过程中的变异小于模型预期的变异幅度，这样的受测者给出的评分对于项目能力值的估计只能提供比较少的信息。通过拟合检验，可以预估出受测者的一些特征，将 MNSQ 值大于 1.2 或小于 0.7，ZSTD 值大于 2 或小于 -2 的受测者去除。这些受测者的评分一致性较差，所产生的评分结果不理想，因此将其去除能够有效提高指标的重要性评估质量。根据统计结果，最终去除 27 位项目反应不佳的评价人。

表 3 - 7   评价人评估信息（部分）

受测者	Chisq	df	Outfit mnsq	Infit mnsq	Outfit t	Infit t
P_1	11. 86856	48	0. 247262	0. 245587	− 4. 56045	− 5. 59871
P_2	32. 88548	48	0. 685114	0. 737272	− 1. 57012	− 1. 39628
P_3	37. 2533	48	0. 77611	0. 821287	− 1. 038	− 0. 8981
P_4	33. 6385	48	0. 700802	0. 778162	− 1. 45295	− 1. 1523
P_5	37. 78386	48	0. 787164	0. 867046	− 0. 95886	− 0. 64088
P_6	65. 26897	48	1. 35977	1. 130644	1. 572603	0. 697908
P_7	66. 25882	48	1. 380392	1. 293771	1. 679875	1. 411109
P_8	30. 43064	48	0. 633972	0. 672684	− 1. 88219	− 1. 80785
P_9	45. 39274	48	0. 945682	0. 909707	− 0. 18576	− 0. 40292
P_{10}	46. 609	48	0. 971021	1. 007376	− 0. 05998	0. 103095
P_{11}	31. 6463	48	0. 659298	0. 715119	− 1. 6973	− 1. 54021
P_{12}	46. 45141	48	0. 967738	0. 959157	− 0. 07615	− 0. 1436
P_{13}	43. 12016	48	0. 898337	0. 961087	− 0. 41063	− 0. 13335
P_{14}	53. 00375	48	1. 104245	0. 997961	0. 539423	0. 055845
P_{15}	51. 27248	48	1. 068177	1. 053968	0. 371492	0. 334808
P_{16}	39. 10117	48	0. 814608	0. 898785	− 0. 82045	− 0. 46566
P_{17}	51. 29506	48	1. 068647	0. 924156	0. 37978	− 0. 32791
P_{18}	32. 57175	48	0. 678578	0. 713171	− 1. 60912	− 1. 54693

挑选出合适的评价人，继续对项目进行拟合检验。检验结果如表 3 - 8 所示，大部分项目的 MNSQ 值分布在 0. 5 ~ 1. 5，说明项目反应良好。表现异常的项目，也就是在这一区间之外的问卷项目，则由于其含义或问卷的问题对于评价人员来说，不容易理解或含义有重复之处，因此需要将问题筛选出来。在取值范围外的项目有：土地闲置率、工业地价水平、比较容积率、工业产值增长弹性系数、建设用地年增长率、地均固定资产投入强度、地均产值、地均利税收入、工业用地比较效益、地均工业增加值、工业用地利税、人均绿地面积、空气污染指数、环境噪声污染指数。筛选出共计 14 个不符合拟合检验的项目。

表 3-8　　　　　　　　　　项目评估信息

指标	df	Outfit mnsq	Infit mnsq	Outfit t	Infit t
土地开发率	207	1.448815	1.368515	2.603061	2.360522
土地供应率	207	0.645737	0.588644	-4.24667	-5.11682
土地建成率	207	0.81716	0.81506	-2.37328	-2.4045
土地闲置率	207	2.444382	2.420527	12.85783	12.70642
工业用地率	207	0.91528	0.899549	-0.90079	-1.08996
高新技术产业用地率	207	0.334245	0.329369	-11.1999	-11.3414
住宅用地率	207	0.885472	0.910691	-1.44049	-1.10759
基础设施用地率	207	0.611572	0.614359	-5.55895	-5.51454
商服用地率	207	0.720825	0.694867	-3.0472	-3.5536
道路用地率	207	0.460456	0.419718	-7.60349	-8.47517
工业地价水平	207	1.951575	1.857346	4.597313	4.547538
综合容积率	207	0.385385	0.385744	-10.0378	-10.0359
建筑密度	207	0.718612	0.692323	-3.80049	-4.22077
工业用地综合容积率	207	0.333624	0.337134	-11.1091	-11.0602
工业用地建筑系数	207	0.827451	0.750071	-1.79916	-2.72761
比较容积率	207	1.352934	1.635119	1.700617	2.993062
工业产值增长弹性系数	207	2.124031	2.198432	5.58827	6.3477
建设用地年增长率	207	1.445981	1.573853	4.285376	5.510703
固定资产投入增长弹性指数	207	0.578522	0.580579	-5.59405	-5.69037
工业地价增长弹性指数	207	0.710449	0.633995	-3.42083	-4.52515
工业用地固定资产投入强度	207	1.299109	1.374315	1.027873	1.452069
地均固定资产投入强度	207	2.08406	2.056906	5.622622	5.960319
地均合同外资金额	207	0.458241	0.463527	-8.39303	-8.30904
研发占投资比例	207	1.067342	1.051212	0.82984	0.643359
地均基础设施投入	207	0.775289	0.779044	-2.96428	-2.91301
高新技术产业投入强度	207	0.235584	0.241303	-13.7872	-13.6755
地均产值	207	3.914289	3.864239	21.3093	21.07199

指标	df	Outfit mnsq	Infit mnsq	Outfit t	Infit t
工业用地产出强度	207	1.376634	1.458449	1.216648	1.871815
孵化成功率	207	0.688315	0.672429	−4.08131	−4.37552
地均利税收入	207	2.124983	2.030157	5.822041	5.873636
高新技术产业产出强度	207	0.885082	0.879335	−1.30296	−1.40897
工业用地比较效益	207	1.940709	1.973469	4.34037	4.787548
地均工业增加值	207	1.961095	1.961179	4.254124	4.553951
工业用地利税	207	1.530714	1.413618	4.09751	3.352877
闲置土地处置率	207	1.034365	0.987596	−0.94847	−1.341573
到期项目处置率	207	0.332399	0.317373	−10.4687	−10.9421
土地有偿使用实现率	207	0.428917	0.402567	−8.66408	−9.30418
土地招拍挂实现率	207	0.942585	0.892192	−0.64972	−1.28139
专业技术人员比重	207	0.394933	0.392907	−9.78887	−9.84252
地均吸纳劳动力人数	207	0.60425	0.605093	−5.02848	−5.17262
人均道路广场面积	207	0.720438	0.728643	−3.52916	−3.44791
人均建设用地	207	0.827675	0.825436	−2.19452	−2.23751
人均绿地面积	207	2.059725	1.835439	4.668763	4.131827
地均企业数	207	0.833291	0.74075	−1.5898	−2.62687
绿地率	207	1.495718	1.484747	5.208062	5.14075
空气污染指数	207	1.742082	1.779482	3.946559	4.435448
工业三废排放达标率	207	0.720363	0.680519	−3.41206	−4.01153
环境噪声污染指数	207	1.457407	1.582279	4.443377	5.63902

　　除了选项分类拟合之外，等级统计参数（Category Calibration）中的临界值（Thresholds）也可以用来描述等级量表的特质，临界值（Step Calibration）最难估计，原因是很难真正区分一个选项和另外一个选项之间的区别，例如很难评估"非常同意"和"同意"之间的真正区别。对于信度和选择量表之间的关系问题，有学者认为 5 点量表信度最高，有学者认为 7 点量表信度最高，也有学者认为信度和分类选项的数目之间是相互独立的（Chang，1994），从

这种不确定上讲，也需要对等级特征进行描述。对于本书来说，项目得分越高，表明对土地集约利用的影响越大，因此临界值是呈单调递增的。如果等级量表的临界值不呈单调递增，那么可认为这个量表的等级是混乱的。项目等级之间的临界值计算公式如式（3-9）所示，其中 b_{ix} 为第 $x-1$ 个评分等级到第 x 个评分等级难度：

$$\theta_n - b_{ix} = \ln\left(\frac{P_{nix}}{P_{ni(x-1)}}\right) \qquad (3-9)$$

等级统计参数检验结果如表 3-9 所示，相邻等级定标参数相差应大于 1.4，小于 5，最佳距离应大约在 1.4~3.5。如果相差小于 1.4，则该等级不能提供足够的资讯；如果大于 3.5，则该等级上的部分咨询将会遗失；如果大于 5，遗失的讯息量将会超过 50%（Bond and Fox，2007）。通过对项目临界值进行分析，结果如表 3-9 所示，临界值相差的最大值为 5.0932（工业地价水平），最小值为 0.5737（地均合同外资金额）。大部分的临界值变化在最佳距离范围内，超出临界值最佳距离的项目有：住宅用地率、商服用地率、道路用地率、工业地价水平、地均合同外资金额、研发占投资比例、地均基础设施投入、高新技术产业投入强度、孵化成功率、高新技术产业产出强度、人均道路广场面积、人均建设用地、地均企业数和工业三废排放达标率。筛选出共计14 个不满足等级定标参数检验的项目。

表 3-9   **项目估计的临界值**

指标	Threshold. 1	Threshold. 2	Threshold. 3	Threshold. 4
土地开发率	-1.28075	0.71245	3.18925	5.24135
土地供应率	-1.74453	0.14867	2.5477	4.39986
土地建成率	-1.40667	0.39653	2.73523	4.6374
土地闲置率	0.34619	2.16937	4.69617	6.45827
工业用地率	-1.28075	0.61245	2.77925	4.76125
高新技术产业用地率	0.182879	1.97617	4.29358	6.14568
住宅用地率	0.279721	1.076995	2.016157	2.790659
基础设施用地率	0.292231	2.08543	4.64223	6.56433
商服用地率	-0.4647	0.362576	1.275126	1.97152

续表

指标	Threshold. 1	Threshold. 2	Threshold. 3	Threshold. 4
道路用地率	1. 051368	1. 847672	2. 791288	3. 662364
工业地价水平	0. 246236	5. 33944	6. 91624	7. 8437
综合容积率	− 1. 21244	0. 69076	3. 76754	5. 57695
建筑密度	− 1. 2015	0. 84173	3. 61852	5. 49064
工业用地综合容积率	− 1. 50611	0. 28709	2. 96386	4. 86595
工业用地建筑系数	− 1. 58433	0. 21887	2. 49756	4. 14777
比较容积率	1. 355893	3. 24909	5. 62698	7. 24999
工业产值增长弹性系数	2. 10738	3. 9005	6. 3766	8. 3679
建设用地年增长率	1. 274674	3. 26787	5. 68467	7. 62377
固定资产投入增长弹性指数	− 0. 17688	1. 61631	3. 99812	5. 52926
工业地价增长弹性指数	1. 274674	3. 4679	5. 96479	7. 74589
工业用地固定资产投入强度	− 1. 9893	− 0. 17852	2. 17528	4. 25338
地均固定资产投入强度	0. 313032	2. 20623	4. 68323	6. 54533
地均合同外资金额	0. 473859	1. 271043	2. 21107	2. 784798
研发占投资比例	0. 539568	1. 346348	2. 276419	2. 957056
地均基础设施投入	0. 208321	1. 205595	1. 945171	2. 61926
高新技术产业投入强度	0. 075113	0. 878327	1. 811693	2. 575051
地均产值	− 0. 23579	1. 65791	4. 23471	6. 26881
工业用地产出强度	− 1. 44799	0. 74351	3. 16041	5. 04251
孵化成功率	− 0. 05003	3. 74724	7. 98682	8. 66091
地均利税收入	0. 49439	2. 39768	4. 79438	6. 52748
高新技术产业产出强度	− 0. 20122	0. 596059	1. 535635	2. 40973
工业用地比较效益	0. 109942	1. 91431	4. 29261	6. 29421
地均工业增加值	1. 610073	3. 52373	5. 90652	7. 85863
工业用地利税	0. 861432	2. 97651	5. 75335	7. 73541
闲置土地处置率	− 1. 3933	0. 89924	3. 27406	5. 25374
到期项目处置率	− 1. 30464	0. 78582	3. 17262	5. 13672

指标	Threshold. 1	Threshold. 2	Threshold. 3	Threshold. 4
土地有偿使用实现率	0.292231	2.08573	4.46537	6.27183
土地招拍挂实现率	−1.55224	0.24096	2.71736	4.69646
专业技术人员比重	0.237834	1.015379	1.974685	2.740877
地均吸纳劳动力人数	−0.25584	1.54736	3.95613	5.92826
人均道路广场面积	0.922121	1.71946	2.658972	3.5336
人均建设用地	0.580697	1.476792	2.317547	3.13912
人均绿地面积	−0.27102	1.92218	4.26797	6.25008
地均企业数	1.974299	2.621574	3.711149	4.65238
绿地率	0.642603	2.44589	4.87269	6.82974
空气污染指数	0.952849	2.74605	5.12785	7.095
工业三废排放达标率	1.092641	1.879616	2.829492	3.40358
环境噪声污染指数	0.767798	2.56067	4.93921	6.99157

在分别对项目进行了拟合分析和等级统计分析后，得出了可能存在目标特质之外其他变量的项目或者对所测量特质定义不恰当的项目，以及等级资讯不足的项目。然而在测验发展过程中，简单地删除拟合度不好的项目并不是最优的做法（Wright and Mok，2000）。因此，在应用 Rasch 模型估计项目参数的同时，应用三参数模型对问卷项目进行估计，以估计不同项目的信息。由于三参数模型估计的是二值的题项，5 点的李克特量表需要转化成二值的量表。施密特等（Schmitt et al.，1999）证明如果将 5 级评分的前三个选择项赋 0 分，后两个选择项赋 1 分时，测量精度并没有较大的影响。因此，将问卷的数据由 1~5 分转换成 0~1 分后，应用三参数模型对指标项目进行参数估计。

通过对 3 个项目估计参数的分析，不理想的项目表现为猜测系数、项目难度、项目的区分度均比较小，说明该项指标对于评价人来说难以认同其重要性，因此评价人集中选择量表中的负面结果，也就是集中在 1~3 的选项中，导致该项目的区分度也较低。从表 3－10 中的计算结果来看，部分项目的难度小于 0.7，部分项目的区分度小于 0.4，三参数均比较小的项目有土地闲置率、住宅用地率、商服用地率、工业地价水平、工业产值增长弹性系数、比较容积率、地均合同外资金额、专业技术人员比重、高新技术产业投入强度、孵化成功率、工业用地比较效益、地均工业增加值、人均道路广场面积、人均绿地面积、地均企业数、空气污染指数、环境噪声污染指数和土地有偿使用实现率。筛选出共计 19 项不符合三参数估计的项目。

表 3 - 10　　　　　　　三参数模型下的指标信息估计

指标	猜测系数	难度	区分度
土地开发率	0.68239	1.7675	2.483855
土地供应率	0.71355	1.20769	1.736303
土地建成率	0.33027	1.04002	1.623542
土地闲置率	0.002379	- 0.5938	- 22.2
工业用地率	0.740036	1.9106	0.504628
高新技术产业用地率	0.923799	0.798989	0.583264
住宅用地率	0.00471	- 0.5348	0.352864
基础设施用地率	0.796283	1.39512	3.704911
商服用地率	0.066197	- 12.3135	0.215132
道路用地率	0.16696	0.466006	0.179632
工业地价水平	0.011785	- 0.4107	0.169208
综合容积率	0.96139	0.8334	1.54764
建筑密度	0.887973	0.714042	1.331592
工业用地综合容积率	0.674019	0.819934	0.305725
工业用地建筑系数	0.78297	0.75642	0.060192
比较容积率	0.00276	- 0.72434	- 9.338
工业产值增长弹性系数	0.00358	- 0.43264	2.858352
建设用地年增长率	0.36173	1.261618	0.431509
固定资产投入增长弹性指数	0.691731	0.841664	1.599933
工业地价增长弹性指数	0.754936	0.725631	1.403748
工业用地固定资产投入强度	0.948079	0.942854	9.854607
地均固定资产投入强度	0.803005	0.78647	2.416623

指标	猜测系数	难度	区分度
地均合同外资金额	0.00359	−6.69559	−0.20967
研发占投资比例	0.4752911	0.58906	0.47024
地均基础设施投入	0.006413	0.635783	0.314425
高新技术产业投入强度	0.010578	−4.94729	0.285269
地均产值	0.671927	0.616666	22.70319
工业用地产出强度	0.656406	0.584318	0.284031
孵化成功率	0.441328	−6.8941	0.17927
地均利税收入	0.10581	0.784746	5.172059
高新技术产业产出强度	0.94427	0.868114	0.30746
工业用地比较效益	0.021507	−3.50242	5.603243
地均工业增加值	0.001667	−15.6112	−0.08528
工业用地利税	0.11444	0.740514	2.00983
闲置土地处置率	0.851086	0.61515	0.532591
到期项目处置率	0.572399	0.474784	0.51239
土地有偿使用实现率	0.020849	−5.37749	0.491257
土地招拍挂实现率	0.66069	0.91572	0.634346
专业技术人员比重	0.02376	0.258998	0.247579
地均吸纳劳动力人数	0.932255	0.780258	5.644436
人均道路广场面积	0.032157	0.230129	−0.738593
人均建设用地	0.62616	0.816393	0.15228
人均绿地面积	0.106403	−7.9263	0.431431
地均企业数	0.026571	−1.65646	0.412461
绿地率	0.132598	22.78279	6.228878
空气污染指数	0.114942	0.290588	0.4157
工业三废排放达标率	0.27223	0.918805	0.19433
环境噪声污染指数	0.08544	−0.511915	0.4537

3.5 开发区土地集约利用评价指标体系

应用拟合估计、临界值估计和三参数模型估计，分别筛选出不符合检验的项目。根据 3.4.2 部分对三种估计的分析，针对筛选出的项目，同时参考表 3 - 7 中的受测者的项目反应信息，组织项目反应较好的专家对筛选出的指标进行座谈研究，决定是否将这些指标删除。项目反应理论筛选出的指标以及指标删除原因如表 3 - 11 所示。专家座谈中，删除筛选指标的理由主要有四类，有专家认为对于地均产值、地均税收等指标，虽然指标含义不同，但与工业用地产出强度等未筛选指标存在重叠（Indicator Overlap，IO），可以删除；对于人均建设用地、人均道路广场等人均指标，专家认为存在统计方面的不确定性（Low Statistical，LS），可以删除；对于高新技术投入产出强度等指标，专家认为不能表示所有类型的开发区集约利用方向（Low Representation，LR），可以删除；对于地均合同外资金额、研发占投资比例等指标，虽然在一定方面对开发区的发展有影响，但不是土地集约利用的主要影响因素（Low Correlation，LC），可以删除。

表 3 - 11　　　　　　　　　　项目反应理论筛选结果

指标	拟合估计	临界值估计	三参数模型估计	删除原因
土地闲置率	√		√	IO
住宅用地率		√	√	LC
商服用地率		√	√	LR LC
道路用地率		√	√	LC
工业地价水平	√	√	√	LS LC
比较容积率	√		√	IO
工业产值增长弹性系数	√		√	IO LC
建设用地年增长率	√			IO
地均固定资产投入强度	√			IO
地均合同外资金额		√	√	LC
研发占投资比例		√		LC

续表

指标	拟合估计	临界值估计	三参数模型估计	删除原因
地均基础设施投入		√		LC
高新技术产业投入强度		√	√	LR
地均产值	√			IO
孵化成功率		√	√	LC
地均利税收入	√			IO
高新技术产业产出强度		√		LR
工业用地比较效益	√		√	IO LC
地均工业增加值	√			IO
工业用地利税	√			IO
专业技术人员比重		√	√	LC
土地有偿使用实现率			√	IO LC
人均道路广场面积		√	√	LS LC
人均建设用地		√		LS LC
人均绿地面积	√		√	IO LS
地均企业数		√	√	LC
空气污染指数	√		√	LS LC
工业三废排放达标率		√		
环境噪声污染指数	√		√	LS LC

通过对问卷的统计描述分析，筛选掉了评价人一致认为对开发区土地集约利用评价不重要的指标项目。结合项目反应理论对问卷和受测者的特征进行分析，筛选出了一些不符合项目反应，也就是无法测试出评价人真实评价的问卷项目，组织项目反应良好的受测者进行座谈，以确定是否删除筛选出的指标。最终得到修正的开发区土地集约利用评价指标体系如图 3-3 所示，指标体系保留了大部分《评价规程》中的指标，说明经过近几年的开发区土地集约利用评价活动的开展，《评价规程》中的指标得到了一定范围的认可；指标体系中加入了社会效益、生态效益的指标，能更加完整地描述开发区土地集约利用的影响因素；指标体系中加入了土地利用的动态趋势，使土地集约利用有了动态描述。这些改变，在一定程度上解决了现行评价指标体系中存在的问题。

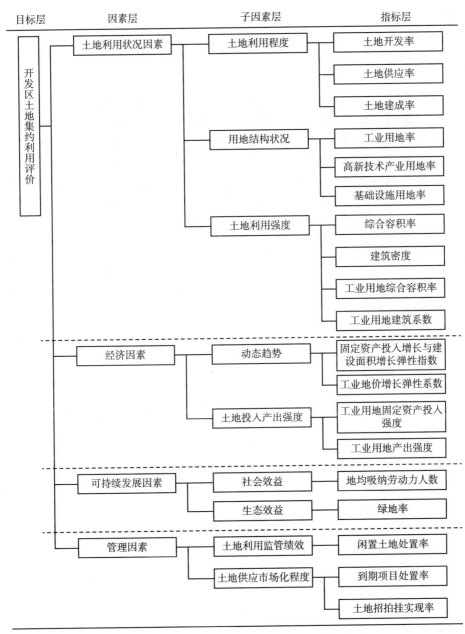

图 3 - 3 修正的开发区土地集约利用评价指标体系

3.6 本章小结

为了找出开发区土地集约利用评价指标的重要性程度，本章设计了开发区土地集约利用评价调查问卷，通过问卷结果和数据的收集整理，运用描述性分析、因子分析、主成分分析对开发区土地集约利用指标体系进行统计分析。从数据分析的结果来看，类似于因子分析这种降维处理的方法，是基于数据之间相关性进行降维，对于本书的问卷数据来说并不适合。运用项目反应理论，构建了基于项目反应理论的指标选择模型，通过对评价人的问卷数据、评价人自身能力的特征进行估计，结合专家的分析，筛选掉不合适的评价人以及对于评价影响因素效果不佳的问卷题目，来修正指标体系。研究结果表明，有 19 个影响开发区土地集约利用的关键指标，归纳为四个维度，分别对应前文分析的开发区土地集约利用主要的四个影响因素：管理因素、可持续发展因素、土地利用状况因素和经济因素。

第 4 章

开发区土地集约利用评价模型

在建立了开发区土地集约利用评价指标体系之后，需要通过合理可用的评价模型对在这一体系下的开发区土地集约利用状况进行评估，指标的权重由评价目的和客观规律共同决定，主观赋权法、客观赋权法各有其优缺点。本章将会使用主客观结合的赋权法来弥补各自不足，在评价模型中，选择主观赋权法中的评价专家、标准化指标数值、根据主观或客观赋权法计算结果来科学地确定各评价指标的权重，衡量开发区的土地集约利用程度。

4.1 现行开发区土地集约利用评价模型分析

现行开发区土地集约利用评价模型如《评价规程》中所述，使用《评价规程》中的指标体系，确定评价指标权重值可采用特尔斐法、层次分析法、因素成对比较法中的一种或多种进行，并且确定了目标层和子目标层的权重值区间，将权重值限定在一定数值范围内；指标标准化处理采用理想值比例推算法，理想值的确定又可以采用目标值法、发展趋势估计法、先进经验逼近法以及专家咨询法，通过把评价指标现状值与理想值进行对比修正后确定评价指标现实度分值，结合各指标的权重值计算最终的评价对象综合集约度分值。这种方法的优点是在多因素综合评价的基础上，指标权重与理想值由开发区自行确定，可以增强《评价规程》的弹性和适用性，可行性较高，能够明确开发区土地集约利用的目标。

虽然上述方法在理论上均是可行的，但开发区土地集约利用评价涉及考核，评价过程中存在大量主观因素，导致各开发区土地集约利用评价分值都很高。在评价指标权重值的确定中，采用主观赋权法，没有结合客观赋权法进行修正，仅给出了目标层和子目标层的权重值范围，而没有给出指标层的权重值范围，使指标层乃至更上层的权重值多向集约度分值高的趋势发展，指标权重在一定范围内由开发区自行决定，也造成了评价结果的不可比性。理想值的确定受开发区自然、社会、经济等多种属性影响，在实际评价过程中由于方法或评价标准的随意性，导致确定的理想值结果因所在区域、评价人等主观因素差异很大，也有开发区依据《评价规程》中提到的现状值不高于理想值，依据现状值略高来确定理想值，在一定程度上影响评价结果的真实性。理想值自行或统一确定各有利弊，浙江省在 2009 年省级开发区土地集约利用评价过程中统一规定了开发区评价的多数指标的权重值以及所有指标的理想值标准，虽然可以保证评价成果的横向比较性，但对于不同开发时序、不同产业类型的开发区来说，评价缺乏合理性。若采用统一的评价标准则不能够科学地反映开发区评价指标的实际"理想水平"，若不采用统一的评价标准，又会导致评价结果不可比。因此，是否采用统一理想值的矛盾就在于评价标准可比性和科学性、客观性的矛盾。

4.2 开发区土地集约利用评价模型的构建

针对前文提到的现行评价权重模型的不足，本书使用主观赋权法和客观赋权法相结合的方法来确定权重，指标体系中常用的主观赋权法主要有：德尔菲法（Delphi）、成对比较法、连环比较法和层次分析法；客观赋权法主要有：熵权法（Entropy）、最大方差法、模糊聚类分析法、因子分析赋权法。其中层次分析法是成熟的主观赋权方法，层次分析法是萨坦（Saaty）提出的多目标评价决策方法，是定性和定量分析相结合的方法（Dağdeviren，2008）。此方法指出了在一个多目标评价决策问题中如何定义指标的相对重要性。使用层次分析法有三个准则：第一，结构模型；第二，备选方案和指标的比较判断；第三，综合的优先次序。层次分析法用一种合适的方法反映了决策者如何在复杂决策过程进行判断，这个过程要求用一定范围内的比值来表示指标的重要程度，因此必须要获取成对比较判断矩阵，同时必须保证此矩阵一致性（Arslan，2009）。在指标数量很大时，构造这样的一致成对比较矩阵会使参评专家的工作繁重，甚至可能出现专家判断失真的情况（Lee and Chan，2008）。

为中和指标数量过多时仅使用层次分析法的不足，以及仅使用主观赋权法造成主观因素过强的不足，模型将层次分析法与熵权法客观赋权法相结合。熵最初是用来描述在特定情况下分子湍流的程度和概率规模这种物理现象（Hsu and Hsu，2008）。在信息论中，熵是一个较为抽象的数学概念，是对被传送信息进行度量时所采用的一种平均值。一般而言，可以把熵理解成某种特定信息的出现概率，当一种信息出现概率更高的时候，就表明它被传播得更广泛，或者说被引用的程度更高。熵权法不仅能定性地估计数据的数量，也能定量地计算信息的相对权重。组合赋权法可以修正仅使用主观赋权法的偏差，同时实现可变的权重，保留评价的弹性与适用性。

本节首先通过两小节来说明层次分析法中专家的聚类选择以及判断矩阵的一致性改进，然后构建评价模型。

4.2.1 多维标度分析

层次分析法的专家不宜过多，而原有的调查问卷人数过多，难以形成统一的意见，因此本书考虑从原有的被调查人群中，取部分符合项目反应的合适人群作为评价的专家，以构造判断矩阵。

首先需要解决如何从所有符合项目反应的 179 位专家中抽取用于层次分析法赋权的专家这一问题。在问卷的收集统计过程中，发现不同专家对于某些指标有相似的重要性评价，如果取这些有相似意见的专家为一个集合，再对其指标重要性进行均值计算，可以看出，不同集合对某些指标的重要程度的认知有差异，取两组差异较大的集合列出其打分均值如表 4 - 1 所示。

表 4 - 1 　　　　　　　　　　**抽取的专家意见分析**

指标	总体均值	抽取集合 1 均值	抽取集合 2 均值
土地开发率	3. 9857	3. 3721	4. 2355
土地供应率	4. 8234	4. 7953	4. 5350
土地建成率	4. 7121	4. 9500	4. 2347
工业用地率	4. 6547	4. 8372	4. 3134
高新技术产业用地率	3. 7445	4. 5427	3. 2819
基础设施用地率	4. 0952	3. 2716	4. 3617
综合容积率	4. 6643	4. 6891	4. 5762

指标	总体均值	抽取集合1均值	抽取集合2均值
建筑密度	4.4217	4.5520	4.3793
工业用地综合容积率	4.8057	4.9286	4.4752
工业用地建筑系数	4.4947	4.8649	3.7292
固定资产投入增长弹性指数	3.8141	3.2615	4.2983
工业地价增长弹性指数	3.3879	2.2713	3.8796
工业用地固定资产投入强度	4.6572	4.9526	4.5435
工业用地产出强度	4.7782	4.5732	4.8648
地均吸纳劳动力人数	4.1704	2.9137	4.5563
绿地率	3.8663	2.3795	4.2730
闲置土地处置率	4.5393	4.8255	3.9237
到期项目处置率	4.4768	4.7143	4.1575
土地招拍挂实现率	4.5225	4.8489	4.1318

在指标体系制定之后，对于各指标的权重值需要进一步分析确定，因此也需要对专家的意见作出评价。通过两次的随机抽取评价人，与未抽取前的指标评价数据进行比较发现，不同的集合对评价指标的重要性程度有较为明显的不同。以绿地率为例，抽取集合2高于集合1的均值，表明集合2专家认为环境因素非常重要，不同的专家对于不同的指标有着一定的偏好。由此可见，抽取不同倾向的专家有可能会导致最终层次分析法的评价结果不同，因此在确定评价专家之前首先要尽可能地了解所有专家的倾向性，并将其意见汇总。为了区分出专家的倾向，本书首先使用多维标度的方法对专家意见降维。

多维标度（Multi – Dimensional Scaling, MDS）也称作"相似度结构分析"（Similarity Structure Analysis），属于多重变量分析的方法之一，是社会学、数量心理学、市场营销等统计实证分析的常用方法。多维标度是基于研究现象之间的相似性或距离，将研究对象在一个低维（一般为二维或三维）的空间形象地表示出来，进行维度内涵分析的一种图示法。运用多维标度技术，可以将外界对某些个体（或其他研究对象）的偏好和感觉，变换为空间坐标图，以坐标图中的点代表研究个体，各点之间的距离代表研究个体在外界心目中的相似或差异程度，空间坐标轴代表着影响外界形成对研究个体感知或偏好的因素或变量。

多维标度能够在 P 维欧氏空间中找到一个包含 n 个点的构型 x，并且点 $x_i = (x_{i1}, x_{i2}, \cdots, x_{ip})^T$ 唯一代表对象 i，不同对象对应点的距离，也就是评价者的距离可以用欧几里德距离求出：

$$d_{ij} = \sqrt{\sum_{k=1}^{r} (x_{ik} - x_{jk})^2} \qquad (4-1)$$

多维标度分为计量多元尺度法（Metric MDS）与非计量多元尺度法（Non-metric MDS），经典多维标度中，距离是数值数据的表示，将其看作是欧式距离。根据各点的欧式距离，在低维空间中寻找各点坐标，而尽量保持距离不变。非计量多维标度方法中，距离不再看作数值数据，而只是顺序数据。例如在心理学实验中，受试者只能回答非常同意、同意、不同意、非常不同意这几种答案。在这种情况下，经典多维标度不再有效。

对符合项目反应的 179 位专家的调查问卷数据应用非计量的多维标度方法使用 R 语言进行分析，得到多维标度分析结果如图 4－1 所示。通过多维标度对专家的意见降维处理，发现专家对于整个集约利用评价指标体系有着不同的意见，从数据的分布上看，具有四种不同意见类型的专家，在确定权重时，会对权重的数值造成偏差。

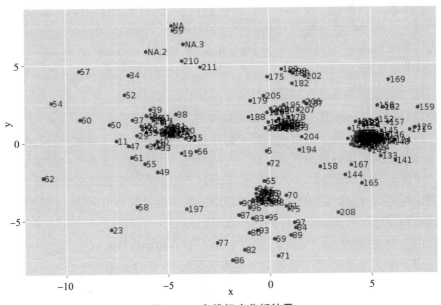

图 4－1　多维标度分析结果

如果从专家群中抽取部分专家，不同的抽取方法可能对整个权重产生一定的偏向，因此需要从多维标度的分析结果中对这四类具有代表性的专家进行选择，选择方法如下。假设第 i 位专家在多维标度中的坐标点为 $\{x_i, y_i\}$，中心点的坐标为 $\{x_m, y_m\}$，则与中心点的距离 h_i 可以通过以下公式得出：

$$h_i = \sqrt{(x_i - x_m)^2 + (y_i - y_m)^2} \qquad (4-2)$$

中心点的获得使用 Kmeans 聚类方法，将多维标度坐标数据作为输入数据集，根据多维标度分析结果设置取随机初始中心的次数与聚类数，利用 R 语言的 kmeans（）函数计算，得到中心点的数据。可综合 h_i 值的大小、从业年数、受教育程度等信息选择一定数量的专家作为典型专家。本书根据多维标度的分析结果，设置取随机初始中心的次数为 10，聚类数为 4，得到中心点的数据后分别选取四类中 h_i 值最小的 20 位专家，再综合从业年数、受教育程度等信息从每一类 20 位中各选取 6 位专家，总计 24 位专家作为典型专家参与指标权重的确定。

4.2.2　判断矩阵试探算法模型

在层次分析法的研究与应用中，通过在同一准则下进行两两比较判断而判断矩阵的一致性。这个概念包括两个方面的内容：次序一致性和完全一致性。次序一致性的含义：若重要性 A > B，B > C，则 A > C，A 比 C 重要，违反次序一致性的判断是违反常识的，混乱而经不起推敲的判断常常会导致决策的失误；完全一致性的含义：若重要性 A > 2B，B > 3C，则 A > 6C。因此，专家的判断矩阵应满足一致性的要求，才能够得到合理的结果。

层次分析法中需要对指标的重要性进行两两比较，通常情况下，专家在没有参照时，由于指标数量较多，在相对比较中会出现指标重要性比较差异的问题，可能会导致判断矩阵一致性检验不通过，因此需要根据指标的排序，对指标的比较进行一定的约束，构建判断矩阵，减少重复打分的问题。因此本书提出矩阵构建排序算法模型，使用 5 标度进行打分，算法如下：

（1）对于指标集合 $I = \{i_1, i_2, \cdots, i_n\}$，建立初始队列 $S = \langle i_1, i_2, \cdots, i_n \rangle$。

（2）从 i_1 开始，逐个提取 I 中的所有元素 i，令该元素为 i_k。

（3）将 i_k 与 $\{i_{k+1}, i_{k+2}, \cdots, i_n\}$ 中元素分别进行比较，若在队列中存在元素 i_p，且 $p < k$，如 $\langle i_a, i_b, \cdots, i_k, \cdots, i_p, \cdots, i_m, \cdots, i_n \rangle$，$1 \leqslant a$，

$b \leq n$，则 i_m 的重要取值不能比 i_k 大，队列保持不变。

将比较值填入判断矩阵中，若重要性 i_k 不大于 i_m，则将队列 S 中的 i_m 插入 i_k 前面，否则位置不变：$S = \begin{cases} \langle i_a, i_b, \cdots, i_k, \cdots, i_m, \cdots, i_n \rangle, & i_k > i_m \\ \langle i_a, i_b, \cdots, i_m, i_k, \cdots, i_n \rangle, & i_k \leq i_m \end{cases}$ （$k \leq n$，$m \leq n$，$k < m$）。

（4）$k = k + 1$，返回步骤 2。

当算法完成时，指标的判断矩阵同时也完成了，并且在顺序一致性上有了较为理想的结果，算法的时间复杂度为 $O(n^2)$。

通常专家构造的判断矩阵一般不具备完全一致性。在得到判断矩阵之后，通过计算一致性系数来检验矩阵的一致性。对专家给出的判断矩阵作出调整，这种方法虽然能够较好地度量专家信息的保留，但是并不能保证最终调整后的矩阵包含专家正确的表述结果。大多数的研究都是在专家给定判断矩阵之后通过一致性检验的方法对原有的判断矩阵进行修改，最终通过一致性检验。但如果反复修改矩阵，专家的意见可能会有偏差，因此需要在构建判断矩阵时便对矩阵的一致性进行初步校验。

为了解决这个问题，和积法能够很好地判断出需要调整的矩阵元素。假设 $A = (a)_{n \times n}$ 为判断矩阵，令 $B = (b_{ij})_{n \times n}$，令 $\beta_j = (b_{1j}, b_{2j}, \cdots, b_{ij})^T$，其中：

$$b_{ij} = \frac{a_{ij}}{\sum\limits_{i=1}^{n} a_{ij}}, \ i, j \in \Omega \qquad (4-3)$$

则 β_j 为判断矩阵 A 的第 j 个列向量的归一化向量，向量计算公式为：

$$w_i = \frac{1}{n} \sum_{j=1}^{n} b_{ij}, \ i \in \Omega \qquad (4-4)$$

由此求得判断矩阵排序向量 $w = (w_1, w_2, \cdots, w_n)^T$，这样的方法为和积法，通过和积法，可以得到判断矩阵 A 的诱导矩阵 $C = (c_{ij})_{n \times n}$，公式如下：

$$c_{ij} = \frac{b_{ij}}{w_i}, \ i, j \in \Omega \qquad (4-5)$$

通过和积法，常用的改进判断矩阵一致性的方法是：

（1）根据诱导矩阵的计算结果，可以从矩阵中得到偏离 1 最大的元素：$\max |c_{ij} - 1|$，$\forall i, j \in \Omega$，所在位置记为 (m, n)。

（2）若 $c_{mn} > 1$，该矩阵对应的判断矩阵的数值 a_{mn} 为整数，则 $a_{mn} = a_{mn} - 1$，否则 $a_{mn} = 1/(a_{nm} + 1)$：

$$a_{mn} = \begin{cases} a_{mn} - 1, & c_{mn} > 0.1 \\ \dfrac{1}{a_{nm} + 1}, & c_{mn} < 0.1 \end{cases} \qquad (4-6)$$

（3）计算该位置对角元素的值：

$$a_{nm} = \frac{1}{a_{mn}} \qquad (4-7)$$

（4）若 CR 仍然大于 0.1，则用新的判断矩阵作为输入，返回步骤 1 重新计算，直到一致性系数 CR 小于 0.1。

这种方法可以较快地使生成的判断矩阵的一致率 CR 降低到 0.1 以下，达到一致性的要求。但是这一方法不足在于，判断矩阵的调整可能与专家的意见有不符合的地方，最大偏离元素所对应的判断结果有可能在因素的重要性比较中不需要发生改变，因此得到所有可能的判断矩阵修改方案，让专家进行决策有利于最后结果的准确性。

基于这一思想，本书提出基于和积法的判断矩阵试探算法模型，令：

$$CR(A) = \frac{\lambda_{max} - n}{(n-1) \times RI} \qquad (4-8)$$

（1）对于 m 行 n 列的判断矩阵 A，按列进行归一化，然后计算诱导矩阵 C，并找出所有大于 1 的元素组合：

$$A \rightarrow \{c_1, c_2, \cdots, c_k\}, \ \forall c > 1, \ k < m \times n$$

（2）对于每一个 c_i，设对应的元素为 a_{jk}。

（3）根据元素 a_{jk}，利用公式（4-6）、（4-7）生成修改后的判断矩阵 A′，计算 CR(A′) 及 CR 的变化值 Δ：

$$\Delta = CR(A') - CR(A) \qquad (4-9)$$

（4）若 CR(A′) < 0.1，则 a_{jk} 加入备选修改元素集合中。

（5）遍历所有其他 c > 1 的元素，设对应的元素为 a_{lm}，利用公式（4-6）、（4-7）修改矩阵 A′为 A″，计算 CR(A″)，若 CR(A″) < 0.1，则 $\{a_{jk}, a_{lm}\}$ 加入备选修改元素集合，跳转步骤 2。

（6）若 CR(A′) ≥ 0.1，Δ > 0，重复步骤 3，否则放弃计算该矩阵。

（7）专家根据备选修改元素集合，选择最符合自身意愿的一个备选判断矩阵 A'_i，i ∈ {1, 2, …, k}，将 A′取代矩阵 A，若该矩阵 CR 值仍大于等于 0.1，重复步骤 1；若 CR 小于 0.1，A′则为调整后的判断矩阵，可以进行下一步的分析。

通过判断矩阵试探算法模型，能够将所有可能令 CR<0.1 的判断矩阵修正方法提供给专家作为参考，在修正判断矩阵时，能够自动提示所有候选修改项，提高了操作的便利性。

4.2.3　开发区土地集约利用评价模型

结合上文的分析，开发区土地集约利用评价模型如图 4-2 所示：在初步指标体系进行分析筛选后得到了开发区土地集约利用评价指标体系；根据指标体系确定各指标权重：首先通过项目反应理论分析找出项目反应良好的专家，在此基础上进行多维标度分析，在不同聚类中找出代表性的专家，由专家对待评指标构造层次分析法判断矩阵，通过矩阵构建排序算法模型对指标进行排序，通过判断矩阵试探算法模型对判断矩阵的一致性进行检验，并返回给专家待改动的数据位置，专家对判断矩阵进行改动直到判断矩阵通过一致性检验，

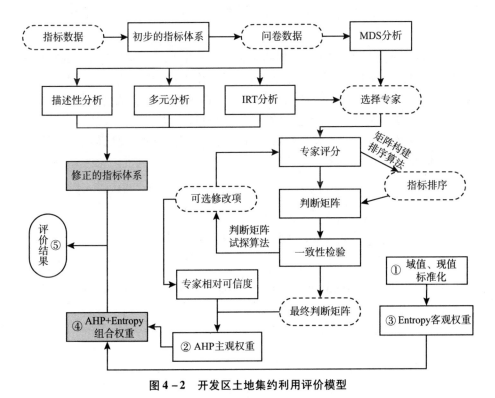

图 4-2　开发区土地集约利用评价模型

同时确定专家相对可信度，对所有专家的判断矩阵特征值进行加权几何平均，得到层次分析法主观权重；对指标域值和现值进行标准化处理，计算熵权法客观权重；组合主观权重与客观权重得到所有指标最终权重值；最后与标准值结合得到集约利用程度。下面对评价模型的实现过程做详细说明。

（1）指标标准化。由指标的多个域值取代单一理想值。由于有多个域值，只需要将不同的域值设置为不同对象的值，这个对象可以是国家政策标准、其他开发区、同一开发区此前的评价、城市开发区均值或最值、区域开发区均值或最值等，也可以将某个域值设置为全国或者全省统一的值。这样不仅可以解决关于是否统一理想值带来的无法与其他开发区横向比较或者与自身纵向比较的问题，也可以解决现行评价模型中提到过的当现状值高于理想值时，无法衡量现状值的超出程度等问题。

假设指标体系有 $h+1$ 个程度级别，则程度级别由 h 个域值组成。对评价因子建立集约程度级别数集合为：

$$\delta = \{\delta_{ijk} \mid i = 1,\ 2,\ \cdots,\ m,\ j = 1,\ 2,\ \cdots,\ n,\ k = 1,\ 2,\ \cdots,\ h\}$$

$$(4-10)$$

为消除指标间的量纲差异，对指标进行标准化处理，本书没有采取常用的均值法，因为这种方法不能体现数据的离散程度；也没有采用 Min – Max 标准化法，因为当出现只有一个域值的情况时，这种标准化法就会失效；而 Z – score 标准化法因为其值可能是负数，无法取得熵权法权重，取绝对值后又失去了对离散程度的判断。本书采用自由度为 h 的均方根对指标数据进行标准化，其标准化模型为：

$$s_{ij} = \frac{r_{ij}}{b_{ij}} \quad \forall i \in [1,\ m],\ j \in [1,\ n] \tag{4-11}$$

$$b_{ij} = \sqrt{\frac{1}{h} \sum_{k=1}^{l} (r_{ij}^2 + \delta_{ijk}^2)} \ \forall i \in [1,\ m],\ j \in [1,\ n],\ k \in [1,\ h]$$

$$(4-12)$$

式（4 – 12）中，S_{ij} 为标准化后数值；r_{ij} 为原始数值；δ_{ijk} 为域值；m 为待评状态个数；n 为指标个数；h 为域值个数。

当计算域值的标准化值时：

$$s_{ijk} = \frac{\delta_{ijk}}{b_{ij}} \forall i \in [1,\ m],\ j \in [1,\ n],\ k \in [1,\ h] \tag{4-13}$$

（2）用层次分析法确定指标体系中各指标的主观权重 α。假设有 K 位专

家参与层次分析法，要对指标层、子目标层、目标层分别构造成对比较矩阵，设 $c = \{c_j | j = 1, 2, \cdots, n\}$ 为某一层的某个指标集。n 个指标的成对比较结果将构造一个 $n \times n$ 的成对比较矩阵 A_k，$k = 1, 2, \cdots, K$，A_K 中的每一个元素 a_{ij} 表示第 i 个指标相对于第 j 个指标的比较结果，比较时取常用的 5 级尺度。

$$A_k = \begin{bmatrix} a_{11} & \cdots & a_{1n} \\ \vdots & \ddots & \vdots \\ a_{n1} & \cdots & a_{nn} \end{bmatrix}, \; a_{ij} = 1, \; a_{ji} = \frac{1}{a_{ij}}, \; a_{ij} \neq 0. \; \forall i \in [1, n], \; j \in [1, n]$$

通过计算每一个成对比较矩阵，最大特征值 λ_{max} 对应的特征向量 ω_k 即为指标的主观权重。

$$A_k \omega_k = \lambda_{max} \omega_k \tag{4-14}$$

当成对比较矩阵一致时，矩阵 λ_{max} 的秩为 1，$\lambda_{max} = n$。这时可以通过归一化 A 的任意一行或一列得到权重。当成对比较矩阵不一致时，则要通过一致性检验，一致性指数 $CI = \lambda_{max} / (n-1)$，当 $CI = 0$ 时，判断矩阵具有完全一致性，反之，CI 愈大，则判断矩阵的一致性就愈差。为了检验判断矩阵是否具有令人满意的一致性，则需要将 CI 与平均随机一致性指标 RI 进行比较，最终一致率 $CR = CI / RI$，其中 $RI = 1.6327$。当 $CR < 0.1$ 时，接受结果；$CR \geq 0.1$ 时，重新构造成对比较矩阵，直到通过一致性检验，一致性检验的判断矩阵试探算法模型如 4.2.2 所述。

运用层次分析法做决策时，加权几何平均综合群组决策后的一致性比单个专家一致性中最大的要小（Escobar et al., 2004），因此无论是求出加权几何平均综合判断矩阵再求其最大特征值对应的特征向量，或者是对每位专家的特征向量求其加权几何平均综合排序向量，均能保证一致性。本书为了使每位专家的权重均直接可观，采用加权几何平均综合排序向量值作为群组层次分析法权重。

对得到的 K 个 ω_k 求加权几何平均，得到其排序向量 $\omega = (\omega_1, \omega_2, \cdots, \omega_j)^T$。

对于各专家的权重，结合前文已经对专家进行了项目反应、多维标度分析，挑选的专家在指标理解以及聚类代表方面已具备一定的可信度，因此在对 ω_k 进行加权时，主要参考判断矩阵的一致性。专家的相对个体可信度权重 a_k 为：

$$a_k = \frac{S_k}{\sum_{k=1}^{K} S_k}, \; k = 1, 2, \cdots, K \tag{4-15}$$

$$S_k = 1 - d_k \qquad (4-16)$$

$$d_k = \frac{d_{ki}}{\sum\limits_{i=1}^{k} d_{ki}} \qquad (4-17)$$

其中：S_k 为专家判断的个体一致性程度；d_k 为判断矩阵的可信度。

最终得到的层次分析法主观权重为：

$$\alpha_j = \begin{cases} \omega_j, & CR < 0.1 \\ 0, & CR \geqslant 0.1 \end{cases} \forall j \in [1, n] \qquad (4-18)$$

（3）用熵权法确定指标体系中各指标的客观权重 β。假设指标体系有 m 个待评状态、n 个评价指标，则对于标准化后数据某个指标 s_{ij} 的熵权为：

$$E_j = -c \sum_{i=1}^{m} p_{ij} \ln p_{ij} \, \forall i, j \in [1, n] \qquad (4-19)$$

其中，p_{ij} 表示第 j 个指标下第 i 种状态指标值的比重，计算方法如下：

$$p_{ij} = \frac{p_{ij}}{\sum\limits_{i=1}^{m} s_{ij}} \, \forall i, j \in [1, n] \qquad (4-20)$$

显然，$0 \leqslant E_j \leqslant 1$，$c = \dfrac{1}{\ln m}$ 在待评状态 m 确定以后为常数。则第 j 个指标的客观权重为：

$$\beta_j = \frac{(1 - E_j)}{\sum\limits_{j=1}^{n} (1 - E_j)} \, \forall j \qquad (4-21)$$

（4）计算指标体系组合权重 χ_j。使用乘法对主观权重和客观权重进行组合赋权，先将 α_j、β_j 相乘，再将乘积进行归一化处理。

$$\chi_j = \frac{\alpha_j \times \beta_j}{\sum\limits_{j=1}^{n} \alpha_j \times \beta_j} = \frac{\alpha_j \times \omega_j}{\sum\limits_{j=1}^{n} \alpha_j \times \omega_j} \, \forall j \qquad (4-22)$$

（5）确定集约利用水平。在权重计算出来之后，确定集约利用水平。计算出总分值，看其落在程度级别的哪个区间，最终确定土地的集约程度。计算总分值的方法如下：

$$T_i = \sum_{j=1}^{n} s_{ij} \chi_j, \, \forall i \in [1, m], \, \sum_{j=1}^{n} \chi_j = 1 \qquad (4-23)$$

4.3 实 例 分 析

以西安高新技术产业开发区（以下简称西安高新区）为例，选取4级程度级别，域值分别取2010年、2012年国家级开发区土地集约利用各指标均值，2008年、2010年西安高新区土地集约利用各指标数值以及2010年、2012年西安高新区土地集约利用各指标理想值，1级表示集约程度小于开发区平均水平，2级表示集约程度小于上一次本开发区评价水平，3级表示集约程度小于理想状况，4级表示集约程度高于理想状况。选择这样的域值旨在与各开发区集约利用平均程度横向对比、与本开发区上一次土地集约利用程度纵向对比以及与理想集约利用状况的对比。

选取修正后的开发区土地集约利用评价指标体系，由于指标、参与评价专家均较多，取子因素层中的土地利用强度为例说明评价模型实现过程。首先通过多维标度分析选出具有代表性的24位专家进行群组决策，对土地利用强度的4个指标给出各自的判断矩阵；通过基于和积法的判断矩阵试探算法模型对判断矩阵的一致性进行引导修正，最高的返回次数为5次，最低返回次数0次，由式（4-15）得到专家相对可信度权重；当专家的判断矩阵均满足一致性后，由式（4-14）得出每个判断矩阵最大特征值对应的特征向量，并对这些特征向量进行加权几何平均，得到加权几何平均排序向量即为四个指标的群组层次分析法主观权重；经过初步计算的原始数据如表4-2所示，由式（4-11）、式（4-13）得出域值和数据的标准化值，由式（4-21）确定客观权重，由式（4-22）与主观权重结合得出组合权重，最后式（4-23）得出土地利用强度集约利用水平，如表4-3所示。

表4-2　　　　2010年、2012年西安高新区土地利用强度数据表

指标	年份	类型	各级别域值及标准化值			数据	所属级别
			1	2	3		
综合容积率	2010	域值	0.82	1.36	1.68	1.77	4
		标准化值	0.4878	0.8090	0.9994	1.0529	
	2012	域值	0.83	1.77	1.82	1.76	2
		标准化值	0.4494	0.9584	0.9855	0.9530	

指标	年份	类型	各级别域值及标准化值			数据	所属级别
			1	2	3		
综合容积率		AHP权重	0.2369				
		熵权法权重	0.2502	0.2508	0.2499	0.2501	
		组合权重	0.2371	0.2377	0.2368	0.2370	
建筑密度	2010	域值	27.58	35.00	39.20	38.45	3
		标准化值	0.6577	0.8573	0.9601	0.9418	
	2012	域值	29.28	38.45	40.00	38.05	2
		标准化值	0.6912	0.9077	0.9443	0.8982	
		AHP权重	0.2194				
		熵权法权重	0.2499	0.2496	0.2499	0.2498	
		组合权重	0.2193	0.2191	0.2193	0.2192	
工业用地综合容积率	2010	域值	0.81	0.98	1.00	1.12	4
		标准化值	0.7131	0.8627	0.8803	0.9860	
	2012	域值	0.83	1.12	1.20	1.12	3
		标准化值	0.6676	0.9008	0.9651	0.9008	
		AHP权重	0.3183				
		熵权法权重	0.2501	0.2496	0.2503	0.2501	
		组合权重	0.3184	0.3178	0.3186	0.3184	
工业用地建筑系数	2010	域值	44.82	30.00	36.90	36.56	1&3
		标准化值	1.0367	0.6939	0.8535	0.8457	
	2012	域值	47.30	36.56	42.00	36.60	1&3
		标准化值	1.0026	0.7749	0.8902	0.7758	
		AHP权重	0.2254				
		熵权法权重	0.2499	0.2500	0.2500	0.2500	
		组合权重	0.2253	0.2354	0.2254	0.2254	

表 4 – 3　　　　　　　　土地利用强度层集约利用水平级别及得分

准则	年份	各级别值域				得分	所属级别
		1	2	3	4		
利用强度	2010	<0.7244	0.7244~0.8107	0.8107~0.9201	>0.9201	0.9605	4
	2012	<0.6966	0.6966~0.8876	0.8876~0.9486	>0.9486	0.8844	2

　　从表 4 – 2、表 4 – 3 可以看出，2010 年综合容积率和工业用地综合容积率的值均高于理想值，所属级别为 4，这在一定程度上解决了现有评价中无法衡量现值高于理想值程度的问题。2010 年、2012 年的工业用地建筑系数落在两个区间，即分别是 1 级和 3 级，也就是工业用地建筑系数既低于开发区的平均水平也低于理想水平，既进行了和开发区均值的横向比较也与理想值水平进行了比较。熵权法权重虽然只是在层次分析法的基础上作出一定调整，但调节了由选取不同的域值对权重造成的影响。2010 年的土地利用强度层各指标虽然建筑密度和工业用地建筑系数均只在第 3 级别，但集约利用级别总体较高，反映到最终的土地利用强度的集约程度也很高，高于开发区平均程度、高于本开发区上一次评价也高于理想程度。2012 年的土地利用强度各指标总体偏低，综合容积率与建筑密度均在第 2 级别，也就是高于开发区平均水平而低于本开发区上一次评价的水平，反映在最终的土地利用强度层，2012 年的土地利用强度高于开发区平均强度但低于本开发区的上一次评价，也低于理想情况。

　　通过用相同步骤计算子目标层的各指标，最终得出西安高新区的土地集约利用程度。与《评价规程》中现行开发区土地集约利用评价指标体系与评价模型得出的评价结果对比如表 4 – 4 所示。单纯从现行的开发区土地集约利用评价模型来看，西安高新区两次的评价结果均为一个数值，分别为 98.68 和 98.74，从结果的分值上来看，仅能看出得分都非常高，接近满分，集约水平很高，且 2012 年的集约度分值高于 2010 年的集约度分值。由本书提出的评价模型，从结果可以看出，2010 年的土地集约利用水平高于开发区平均水平、高于 2012 年西安高新区土地集约利用水平但低于理想情况；2012 年的土地集约利用水平高于国家级开发区平均水平、低于 2010 年西安高新区土地集约利用水平，也低于理想水平。每层的每个指标都能可比较，可根据各指标的不足给出土地集约利用对策建议，如需跟其他的开发区或其他指标值进行比较，只需将其数值设置成域值，熵权法权重会根据选定的域值对指标权重进行调整，实现更多的可比性。

表4-4　　　　　　　　土地集约利用水平级别、得分与现行模型分值

| 指标 | 年份 | 各级别值域 | | | | 得分 | 所属现行模级别型分值 |
		1	2	3	4		
集约利用	2010	<0.6544	0.6544~0.7282	0.7282~0.8907	>0.8907	0.8473	3　98.68
	2012	<0.6223	0.6223~0.7619	0.7619~0.8789	>0.8789	0.7568	3　98.74

通过对土地利用现状的调查、测算和横纵向的比较，对西安高新区土地集约利用程度现状有了一定的了解，结合前面的定性和定量分析，从以下几个方面给出西安高新区土地集约利用的对策建议。

（1）科学制定和实施土地利用规划。

科学的土地利用规划是实现西安高新区土地高效利用的重要前提，对国家级的高新区更是应坚持先规划后建设原则。制定科学的发展规划、土地利用规划，明确不同地段的土地用途、配套设施和发展目标，能够为西安高新区未来发展奠定坚实的基础。同时，也应该从西安高新区的实际情况出发，充分考虑经济社会发展对用地的合理需求，科学修编土地利用总体规划。土地利用总体规划一经批准，必须严格实施，不得因项目随意调整改变土地规划。土地开发利用必须符合土地利用总体规划和土地利用年度计划，严格控制新增建设用地总量，严格控制占用耕地。积极采取措施，鼓励和引导工业向西安高新区集中、人口向城镇集中、住宅向社区集中，调整优化城乡建设用地结构，发挥土地资源集聚利用的效应，确保土地的高效利用。

（2）土地经济效益持续提高。

西安高新区经济效益已经超过同地区、同类型开发区很多。根据西安高新区在土地投入产出方面的表现，为保证在基数不断扩大的情况下，高新区的土地投入产出的持续高效化，结合西安高新区实际，应该集中投入，突出重点，促进主导产业集群化。在土地投入中，应当做到集中投入，对于重点产业加大投资强度，提高基础设施配套标准；在现有土地集约利用条件下，对于新增项目用地投入应当聚焦在西安高新区的主导产业和新兴产业上，促进主导产业集群化；充分发挥规模效应和科技创新优势，保持产业升级换代的活力，进一步提高高新技术产业比例；在促进产业集群的同时，还应当不断优化产业链，集

中建设产业发展配套设施和专业功能区，切实提高产业集聚能力，提高土地集约利用。

（3）土地利用状况合理化。

西安高新区的土地利用状况并没有达到理想的程度，在西安高新区土地存量少，土地开发建设完全的情况下，提高工业用地比例，适当提高高新技术产业用地比例成为提高西安高新区土地集约利用的有效途径。同时应通过适当增加容积率和提高建筑密度，大力发展标准厂房，向地下要空间，向上拓展用地空间，推行立体绿化等来提高土地利用强度。

（4）土地利用可持续化。

为加强土地管理和调控各项工作，努力探索出一条最严格的土地管理制度、最高效的土地集约利用的可持续发展新路，西安高新区在土地管理过程中还应当综合行政、经济以及法律手段，全面加强土地管理调控。持续发展高新区的生态化建设，是保证可持续发展的重要因素。高新区生态用地的开发和建设一方面可通过推行生态型招商手段，使企业主体为园区生态环境建设做贡献。另一方面，对整个园区的生态环境建设来说，要充分体现高新区相对于城市生态环境的优势，因地制宜提升生态环境质量。

4.4 本章小结

本章构建了开发区土地集约利用评价模型。通过对调查问卷的分析，在选取专家对指标重要性的评价中，提出基于多维标度的专家挑选方法，利用多维标度对专家的意见倾向做出区分，发现大致具有四种不同倾向的评价人，通过抽取这四类中具有代表性的评价人构成专家群体，解决了在随机抽取专家中产生的部分倾向性问题。构建了矩阵构建排序算法模型和基于和积法的判断矩阵试探算法模型，解决层次分析法中判断矩阵一致性的问题。由判断矩阵可信度和专家判断的个体一致性程度提出专家相对个体一致性权重，通过加权几何平均得出群组层次分析法主观权重，通过选定的域值确定熵权法权重，运用主观层次分析法和客观熵权法相结合的方法得出指标权重，构建出开发区土地集约利用评价模型。应用评价模型，对西安高新区进行实例分析，通过设定一定的域值来实现集约利用程度的横向、纵向对比以及与理想情况的差距，得出集约利用程度的结果，并根据结果提出对策建议。

第 5 章

土地评价信息系统开发过程模型

本章从土地评价与土地评价信息系统的关系出发，分析了现存土地评价信息系统的类型以及常用的分析方法，不同类型的土地评价信息系统并没有通用的分析方法以及开发过程模型，因此结合设计建模公理化理论和基于环境的设计方法，构建了土地评价信息系统开发过程模型，并用开发区土地集约利用评价对该模型进行了检验。

5.1 土地评价信息系统相关研究

5.1.1 土地评价、土地信息管理与土地评价信息系统关系模型

评价的过程从某种意义上来看实际是一个信息管理的过程，从评价对象的分类、评价指标的分类到评价指标的确立和权重的设定，以及评价信息库的建设、评价信息源的选择与获取、评价信息的收集、评价信息的分析处理等各个环节都无不体现出信息管理的思想和方法。许多信息应用技术（如信息数据库技术、信息检索技术等）都被直接应用到评价中，并收到了良好的效果。如网络评价、评价专家数据库、评价信息数据库、评价案例库等成为网络环境下评价发展的重要趋势，对提高评价的效率和增强其科学性、准确性、客观性都有着至关重要的作用。

信息管理不单单是对信息的管理，而是对涉及信息活动的各种要素（信息、人、机器、机构等）进行合理地组织和控制，以实现信息及其有关资源的

合理配置，从而有效地满足社会的信息需求。信息管理的发展对评价的支持作用主要表现在：信息管理部门对评价过程实施信息与数据监督；信息管理数据库的建设和完善可以为评价提供可靠的评价信息和数据来源；信息管理方法的改进和发展可以为评价提供有效的参考与借鉴；信息管理机制的完善可以为评价活动营造良好的评价信息保障与氛围。

　　信息管理需要信息系统（Information System，IS）来辅助，而信息系统不仅只起到计算机辅助管理的作用，也是组织的神经系统，是一个"人机"系统。信息系统涉及管理科学、信息技术和现代系统科学等相关知识，也是对这些学科知识的综合应用。土地评价、土地信息管理与土地评价信息系统的关系模型如图5-1所示。土地评价信息系统正是在土地评价的基础上，采用先进信息技术对土地进行管理，对土地相关管理部门提供土地信息与决策支持。

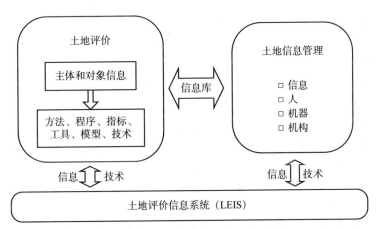

图5-1　土地评价、土地信息管理与土地评价信息系统关系模型

5.1.2　土地评价信息系统概要模型

　　土地评价最初被定义为土地总体规划的一部分，是对人类使用的土地（农业用地、林地或者其他用途土地）进行适宜性评价（Diepen et al.，1991）。如今的土地评价已经变成一项高度综合性的研究工作，通过地理学、农学、林学、城市规划、城市建设和交通运输等应用性学科的有机结合，合理进行土地开发、利用、治理和保护。世界上包括中国在内的许多国家，已将土地评价研

究列为国土整治、区域规划和土地利用规划等的重要基础工作，被认为是土地资源调查和土地利用规划管理之间的接口。

信息和通信技术的日新月异，丰富了土地评价信息系统的评价对象和系统类型。土地评价信息系统按照评价目的分类，有土地潜力评价系统、土地适应性评价系统、土地质量评价系统、土地污染评价系统、土地政策评价系统、土地景观评价系统、战略环境评价系统等；针对土地类型不同，有农业土地评价系统、森林土地评价系统、河流流域土地评价系统等；按土地利用现状的地块分类，可分为城市土地评价系统、城郊土地评价系统、村镇土地评价系统等。不同的土地评价信息系统在对象、系统类型、开发方法、采用的信息技术等方面虽各有不同，但总结这些不同对象的土地评价信息系统，其共同点如下：（1）系统开发的资助者多是国家或地方政府；（2）系统主要集中在土地评价的两个方面：物理评价和经济评价；（3）系统多是空间数据集和非空间数据集的结合；（4）系统设计多使用面向流程的设计或面向功能的设计；（5）系统多利用了"3S"技术来促进评价的定量化与动态化。

现存土地评价信息系统的类型也不同，主要集中在三种类型：以生成报告为主的管理信息系统（Management Information System，MIS）；提供决策支持为主的决策支持系统（Decision Support System，DSS），能够根据不同的评价对象选择最合适的模型，并收集相关重要数据；模拟专业知识的专家系统（Expert System，ES），土地评价信息系统中使用 ES 的优点在于使用一定的知识提供更快、更灵活的解决方案，而不是使用假设或启发式的方法（Kalofirou，2002）。这些系统由于管理了不同的土地资源因此采取了不同的数据类型收集方法以及分析方法。

土地评价信息系统中对于不同数据类型的收集和分析涉及系统集成。系统集成是一种思想，是一种指导信息系统的总体规划和分布实施的方法和策略。系统集成内容包括：人的集成（最终用户掌握和利用信息系统功能，从而融入信息系统之中）、组织的集成（组织机构重组）、管理和技术的集成以及计算机系统平台的集成。

土地评价信息系统的集成主要包括人的集成、技术集成以及系统平台集成，最主要的是空间数据集成和系统平台集成。空间数据集成是对已有的数据集按照某种特定要求加工、重新组织的过程，将数据的形式特征（如格式、单位、投影等）和内部特征（特征、属性、内容、综合度等）全部或部分地调整、转化、合成、分解等，以形成充分兼容的数据集（库），这种集成充分考虑了数据的属性、时间和空间特征、数据自身及其表达的地理特征和过程的准确性。集成数据来源包括数字化地图数据、实测数据、试验数据、GPS 数据、RS 数据、统计数据等。与 GIS 的集成，可以有效地处理大量属性信息（Reshmidevi，2009）。从数据集成的类型及实际应用中数据集成的需求，又可以分为区域集成、专题集成、时间集成和数据综合集成。系统平台集成可以是一种系统集成到另一种系统的不同组件中；或者是一个系统作为另一个系统单独的组件。ES 可以从 MIS 的数据库中提取数据，也可以被 DSS 用来做假设分析。土地评价信息系统系统集成如图 5 - 2 所示。

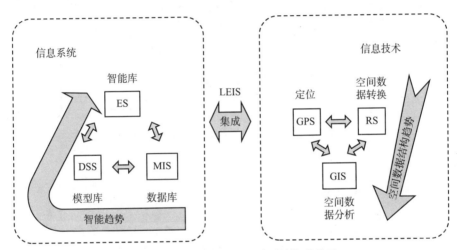

图 5 - 2　土地评价信息系统系统集成关系

　　通过对土地评价信息系统的共性以及系统集成的相关分析，可以看出对土地评价信息系统的分析首先要解决评价区域、资源状态、空间模型以及系统类型的问题。经过对区域、资源状态、空间模型以及系统类型的选择，可以确定所需要的土地评价信息系统类型，其概要模型如图 5 - 3 所示。系统中的土地评价涉及地球上许多不同区域，评价可能是单区域（Single-area）或多区域（Multi-area）的，单区域是地球上的一片"小"的而且"同质化"（Homogeneous）的区域，在待评价方面的表面特性是确定的，不会由于实际地理位置的不同而发生改变；而多区域则相反，与待评区域的实际大小无关，其土地特点不连续、不共享，表面特性随不同地理位置而发生变化。待评土地的资源状态可能是静态（Static）或动态（Dymanic）的，静态的土地资源是最简单的情况，土地的特性具有稳定性或可预见性，不随着时间（除了周期性的变化）变化；动态土地资源的土地特性随着时间的推移会发生变化，通常需要一定的动态仿真模型才能进行评价。待评价土地是否需要空间模型（Spatial Model）取决于土地评价是否依赖于它的空间位置、时间特征和其他的专题属性。系统类型是由土地评价目的决定的，可以根据需求选择不同的系统类型，也可以选择不同系统的集成。

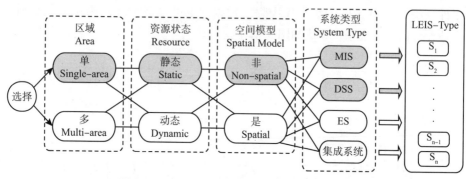

图 5-3　土地评价信息系统系统类型概要模型

5.1.3　土地评价信息系统分析方法

信息系统分析（Information System Analysis，ISA）是信息系统开发的早期阶段，虽然不存在一个被广泛接受的信息系统分析定义，但信息系统分析主要强调业务方面的问题，而不是技术或实现方面的问题（Whitten and Bentley，2006）。土地评价信息系统使用的信息系统分析方法并不固定，传统的信息系统分析如结构化方法在土地评价信息系统中应用较多，刘殿锋等（2011）采用结构化分析方法，以典型村镇退化地数据库为基础，以业务模型库为核心，建立了三层结构的村镇土地退化监测与评估系统。范文瑜等（2011）采用结构化方法通过业务分析得到了村镇建设用地节地效果评价业务流程。德米特鲁等（Demetriou et al.，2012）通过结构化分析方法建立了土地整理事前评估决策支持系统框架。乍鲁颂巴等（Charusombat et al.，2012）通过结构化分析方法建立了两周一变化的土地数据同化系统配置和安装模型。

不同于结构化方法，信息工程关注系统中存储的数据结构而不是过程，因此是以数据为中心，强调对知识需求的分析。陈宏斐等（2010）通过信息工程方法对土地适宜性评价系统的数据进行分析，获得了土地适宜性评价数据流程模型即分层数据流图。

随着对象技术的兴起，面向对象方法消除了结构化方法和信息工程方法中数据和过程人为分离的现象，将信息系统看作一组封装了数据和过程的对象。王秀春（2004）通过面向对象方法对基于 GIS 的农业土地适宜性评价系统进行了分析，得到了系统的对象模型。俞艳等（2006）使用面向对象方法得到了土地适宜性评价系统的功能模块。面向对象方法与结构化、信息技术方法相比，实现了对客观世界描述到软件结构的直接转换，减少了后续软件开发量，提高了开发工作的重用性、继承性，能够降低重复工作量，缩短开发周期（Webster，1994）。缺点在于并不适合所有的土地评价信息系统，较大型的系统开发如果缺乏系统设计划分，容易造成系统结构不合理、各部分关系失调等问题，而且只能在现有业务功能基础上进行分类整理，不能从科学管理的角度进行理顺和优化。

结构化分析、信息工程、面向对象方法都属于模型驱动分析法，模型驱动分析使用图形交流业务问题、需求和方案。除了模型驱动分析法外，信息系统分析还有加速系统分析法，加速系统分析法强调构造原型以便更快地为一个新系统确定业务需求和用户需求。奥乔拉和科齐迪斯（Ochola and Kerkides，2004）通过原型法构造了一个从多学科的角度由专家参与可持续发展评估，以土地拥有者为主体的通用土地质量评价框架。加速系统分析法主要的优点是可以更快地开发系统，并节省开发费用；缺点是该方法只强调系统本身，系统的整体和长期目标可能得不到满足，加速开发周期可能会导致没有更多时间提高系统的质量、连贯性以及设计的标准化（Shelly et al.，2007）。

信息系统分析方法中的模型驱动法和加速分析法或使用模型或使用原型系统来表达一个系统的用户需求，但这两种方法都需要依赖需求的确定和管理。也就是说，信息系统分析的所有方法都需要某种形式的需求获取，也就是通过调查研究技术或联合需求计划来获取需求。一般的土地评价信息系统分析都结合了调查研究技术，对相关文献、文档进行分析，观察当前工作环境以及调查和咨询管理人员及用户团体等。

实际的土地评价信息系统中，并不是使用单一的信息系统分析方法，可能集成了模型驱动分析法、加速系统分析法以及需求获取法，成为一套敏捷方法。安东诺普洛等（Antonopoulou et al.，2010）通过调查研究技术对政策制定者、土地所有者以及农学家进行了调查和咨询，用面向对象方法得到了系统序列图，用获取原型方法得到了系统结构以及各功能模块，从而开发出替代栽培作物评价的 DSS。敏捷方法是一组创新性的以用户为中心的分析方法的集合，与模型驱动法相比，敏捷方法是用交流沟通取代详尽的文档，强调适应性而非预见性，周期可能更短，用户能较早地使用可用的系统功能；但缺点在于敏捷方法的使用有一定局限性，如对系统的关键性、可靠性、安全性等方面要求较高的土地评价信息系统就不适合使用敏捷方法，或者是组织结构的文化、人员、沟通等不支持敏捷方法，项目的规模过大也会影响敏捷方法的效果（Dyba and Dingsoyr，2008）。

5.2　土地评价信息系统开发过程模型的构建

系统分析方法各有优缺点，土地评价信息系统并没有固定的信息系统分析方法，各种不同类型的土地评价信息系统采用的分析方法只与系统开发人员的开发习惯、用户需求以及项目规模有关，因此与信息系统分析方法对应的系统开发方法（结构化方法、信息工程、面向对象方法、敏捷方法等）也各不相同。但如果有一个可以适用于所有土地评价信息系统的系统开发过程模型，不仅可以提高系统分析的准确程度、降低系统开发的复杂性，还可以在此基础上减少系统开发时间和成本。本节力图采用基于环境的设计方法构建土地评价信息系统系统开发过程模型。

5.2.1　基于环境的设计方法

基于环境的设计方法（Environment-based Design，EBD）是一种建立在设计建模公理化理论（Axiomatic Theory of Design Modeling，ATDM）和设计递归逻辑（Recursive Logic of Design，RLD）基础上的有效的概念设计方法。设计建模公理化理论是一种逻辑的形式化表达工具，引用了一系列操作符号建模复杂对象，如⊗（关系算子）、⊕（结构算子）、Θ（域算子）和集合中的操作符号 ∀、∃、⊆、=、∪和∩等。其中，最核心的概念就是结构算子，一个对象的结构定义为该对象与其本身关系的并集，得：

$$\oplus O = O \cup (O \otimes O)，\forall O \qquad (5-1)$$

⊕O 表示为对象结构，这里结构算子提供了在设计过程中描述对象聚合与分离的一般演化机理。由宇宙中的每个对象包含若干对象，得：

$$\oplus O = O \cup (O \otimes O) = \bigcup_{i=1}^{m} (\oplus O_i) \cup \bigcup_{\substack{i=1 \\ j \neq i}}^{m} \bigcup_{j=1}^{m} (O_i \otimes O_j) \qquad (5-2)$$

基于环境的设计方法沿用了建模公理化理论中关于对象、关系和结构的定义，并运用对象、关系算子、结构算子对环境、冲突、设计对象或方案、需求、设计对象系统、设计状态等概念及其关系进行了表达。其中环境是指除设计对象以外所有对象的集合，表示为 E，环境结构被定义为对象集合与它们之间关系或相互作用的并集，得：

$$\oplus E = \oplus E \cup E \otimes E = \oplus \left(\bigcup_{j=1}^{n_e} O_{ij} \right) = \bigcup_{j=1}^{n_e} (\oplus O_{ij}) \cup \bigcup_{j_1=1}^{m} \bigcup_{\substack{j_2=1 \\ j_2 \neq j_1}}^{m} (O_{ij_1} \otimes O_{ij_2}) \qquad (5-3)$$

基于环境的设计方法建立在一些重要的定理之上，包括：

【定理1】设计的递归（进化）逻辑：设计是一个进化的过程，一个满意的设计方案必须经过设计知识的评估，而设计知识又将受被评估设计方案的影响而进化，如图 5-4 所示。

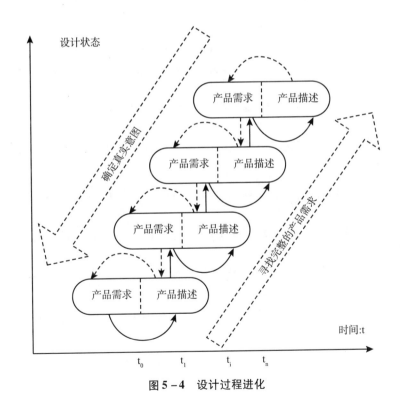

图 5-4　设计过程进化

【定理2】设计对象的需求根源：设计对象的需求来自设计对象所处的环境，设计的推动力是为了消除或削弱环境中不期望的（破坏性）冲突。

【定理3】设计问题的动态结构：设计过程中，设计方案的改进或改变，可能改变原始设计问题。

基于环境的设计方法为技术系统的开发提供了一个科学的过程，包括三个主要阶段，分别为环境分析、冲突识别和解决方案生成，其过程模型如图 5 – 5 所示。

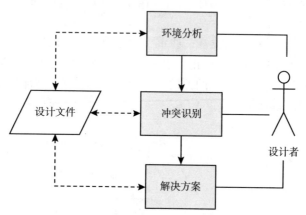

图 5 – 5　基于环境的设计方法过程模型

（1）环境分析。定义当前环境结构 $\oplus E_i$，识别环境中的元素构成，以及元素之间的关系，

$$\oplus E_i = \oplus \left(\bigcup_{j=1}^{n_e} E_{ij} \right) = \left(\bigcup_{j=1}^{n_e} (\oplus E_{ij}) \right) \cup \bigcup_{j_1=1}^{n_e} \bigcup_{\substack{j_2=2 \\ j_2 \neq j_1}}^{n_e} (E_{ij_1} \otimes E_{ij_2}) \qquad (5-4)$$

其中，n_e 为在第 i 次设计状态下环境 E_i 下元素的数量；E_{ij} 为同一设计状态下的环境元素。

在状态 E_i 下，n_e 的大小和环境元素 E_{ij} 的构成，是由设计者的经验以及其他设计问题相关的要素决定的。

（2）冲突识别。通过运用评估运算符 K_i^e 来识别环境构成间不期望的冲突 C_i。

$$C_i \subset K_i^e \left(\bigcup_{j_1=1}^{n_e} \bigcup_{\substack{j_2=1 \\ j_2 \neq j_1}}^{n_e} (E_{ij_1} \otimes E_{ij_2}) \right) \qquad (5-5)$$

（3）概念（解决方案）生成。通过综合运算符 K_i^s 解决一组被选冲突并生成一个设计解决方案 S_i，生成的解决方案将成为下一轮设计环境的组成部分。

$$\exists C_{ik} \subset C_i, \ K_i^s: \ c_{ik} \rightarrow s_i, \ \oplus E_{i+1} = \oplus(E_i \cup s_i) \tag{5-6}$$

该设计过程被循环执行直至在新环境中没有不期望的冲突存在，用于诠释设计控制方程：

$$\oplus E_{i+1} = K_i^s(K_i^e(\oplus E_i)) \tag{5-7}$$

将土地评价信息系统开发过程模型的构建看作一个设计问题，则土地评价信息系统就是一个由一系列对象和对象间关系组成的复杂技术系统，设计对象或方案就是土地评价信息系统的过程模型。下面使用基于环境的设计方法首先对土地评价信息系统进行了形式化表达，分析土地评价信息系统中的各个对象和对象间的关系，识别了存在的冲突，进而寻求有效的系统解决方案，并建立土地评价信息系统开发过程模型。

5.2.2　土地评价信息系统主要元素关系模型

以土地评价信息系统为研究对象，遵循基于环境的设计方法，首先对土地评价信息系统的环境进行分析，识别环境中的对象，分析对象及对象之间的相互关系。土地评价信息系统涉及诸多对象，为了分析所有的对象，需要用到语义分析。语义分析贯穿设计问题始终，其中一个很重要的问题是设计者必须理解设计问题，这在基于环境的设计方法中是通过环境分析和冲突识别来完成的。为了支持设计过程中的语义分析，曾（Zeng，2008）提出了递归对象模型（Recursive Object Model，ROM），也可以称为设计的递归逻辑。开发递归对象模型最初是用来处理语言信息的，后来被扩展用来处理其他的设计信息。递归对象模型是环境结构中三种互动操作⊗的精确表达：约束、谓词和连接。

为了从图 5-4 中探究完整的产品需求和确认真实意图两个方向进行设计，设计者需要使用提出正确的问题的方法（Wang and Zeng，2009）。设计者能否提出正确的问题表现在：是否可以不需要高品质的信息就能做出正确的决策以及是否不需要执行有效的查询过程就可以获取和生成高品质的信息（Eris，2004）。在环境分析过程中，会提出两类问题：首先是通用问题用来说明和延伸设计问题的意义；其次是特定领域的问题用来找出现存问题的相关隐藏的设计信息。递归对象模型作为设计中的语义分析工具，用来生成问题。

首先对于土地评价信息系统，最原始的递归对象模型如图5-6所示，根据提出正确的问题方法提出如：What is Information System? What is Land Evaluation? How to evaluate? 等问题得到的第二轮递归对象模型如图5-7所示，最后经过几轮提出正确的问题，所有关键问题均找到答案，得出最终的递归对象模型如图5-8所示。研究信息系统的学者们从不同角度给出的信息系统的定义也不同，本书涉及信息系统的地方均使用西尔弗等（Silver et al.，1995）提出的定义：在组织中使用信息系统的目的是为了提高组织的效益和效率，信息系统能达到何种程度是由组织的能力、信息系统的工作环境、参与人员和开发实现的方法共同决定的。

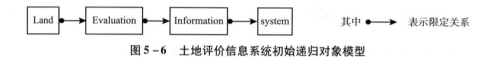

图5-6　土地评价信息系统初始递归对象模型

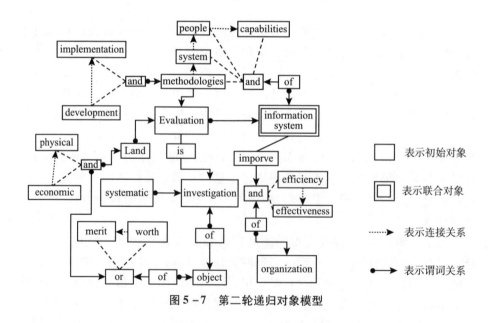

图5-7　第二轮递归对象模型

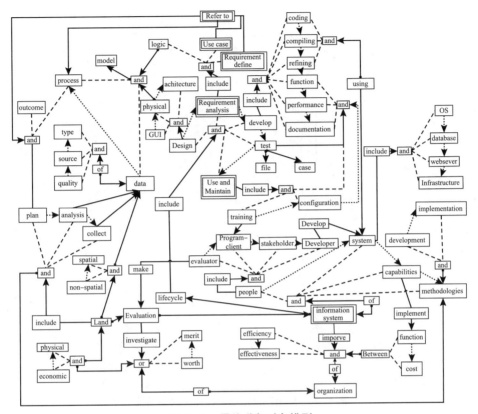

图 5 - 8　最终递归对象模型

可以很容易从图 5 - 8 中找出重要的对象。其中包括系统干系人、数据、功能、文档、方法等，这些对象之间相互作用、相互制约，并成为土地评价信息系统中的基本元素，其关系模型如图 5 - 9 所示。

土地评价信息系统的结构可形式化表达为各基本元素的相互关系：

$$\oplus S = \oplus (Sh \cup C \cup Da \cup Dc \cup F \cup P \cup M) \qquad (5-8)$$

其中，sh 为干系人，C 为成本，Da 为数据，Dc 为文档，F 为功能，P 为性能，M 为方法。下面详细介绍各元素在土地评价信息系统中的意义和作用。

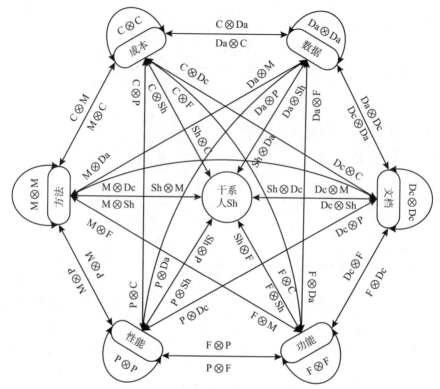

图5-9　土地评价信息系统元素关系模型

（1）干系人。

土地评价信息系统中的干系人又称为相关利益者，是指积极参与系统或其利益会受到系统执行或完成情况影响的组织或个人。从广义上说，干系人既可以是系统开发活动的具体执行人，也可以是系统开发活动中内外部相关利益者。比如在土地评价信息系统开发活动中，主要的干系人按角色可以划分为系统用户（Program Client）、评价者（Evaluator）和开发者（Developer）三大类，系统用户就是土地评价信息系统的最终用户，由于土地评价信息系统的特点，系统用户不仅包括了内部、外部系统用户，还包括系统所有者；评价者指除了系统用户以外的评价委托方和评价实施方的相关人员；开发者包括系统分析员、系统设计人员、系统构造人员等。实际上，系统还会包含其他干系人，其他干系人是指能从系统中获利，但不直接使用系统或不直接与系统发生关系的人，这样的干系人虽然存在，但是与土地评价信息系统中的其他要素没有直接关系，也不会相互影响，因此本书在干系人中不考虑其他干系人。

（2）数据。

数据是信息系统的根本和目的，是表达发生于组织及其环境中事件的原始事实的符号串，比如文字和数字，数据是组织重要的资产之一，代表了客观世界的事物，以数据为基础可以挖掘出很多有价值的信息，而这些挖掘出来的信息对组织的成长来说是非常必要的。数据需要配合其使用环境的一些线索使之变成信息。土地评价信息系统开发过程中的数据包括三个方面：构建评价系统和评价模型需要的数据，评价指标所需的数据，以及后期分析用到的数据；数据类型主要由空间数据和非空间数据构成。

（3）文档。

系统文档是信息系统的生命线，是区别于数据的一种文件，信息系统中的文档主要是描述系统从无到有整个发展与演变过程及各个状态的文字资料。如果没有系统文档或没有规范的系统文档，信息系统的开发、运行与维护会处于一种混沌状态，将严重影响系统的质量，甚至导致系统开发或运行的失败（Stair and Reynolds，2003）。土地评价信息系统中的主要文档分为两部分：一部分是与系统开发、使用与维护相关的文档，如设计文档、使用说明书、维护手册等；另一部分是与评价过程及评价结果相关的文档，每一个文档都是对支持某一特定功能领域的信息的分析与汇总，如评价报告、异常报告、深度挖掘报告等。

（4）功能。

多数组织都是按照功能组织起来的，而系统功能是由软件决定的（Jessup and Valacich，2007）。土地评价信息系统作为面向组织的信息系统主要具备两大功能：不仅为组织中不同层次的管理人员做出土地相关决策提供信息，而且要为其他系统使用者提供土地信息，使其能发现机会和快速识别问题。土地评价信息系统具体的系统功能又包括数据收集输入、数据存储、数据传输、数据处理、文档生成、查询、系统管理等。

（5）性能。

信息系统性能主要受信息技术的影响，主要包括硬件、软件、网络、系统累计数据量以及信息安全等。在土地评价信息系统中，除了为提供信息、决策以及人机交互提供支持的硬件、软件、网络等之外，"3S"信息技术对土地数据的处理和系统性能有较大影响。

（6）方法。

信息系统的开发和使用过程涉及众多方法，这些方法的集合会对信息系统的功能以及性能造成影响。在土地评价信息系统中涉及的方法主要包括两个方面：评价方法和系统相关方法。评价方法包括指标选取方法、评价模型确定方法、问卷设计分析方法等；系统相关方法包括系统分析方法、系统设计方法、系统开发方法、数据库设计方法、数据处理方法等。

（7）成本。

信息系统成本由三个方面组成：系统开发成本、运行成本以及系统维护成本。实际上，随着信息系统在组织中的应用范围不断扩大，对管理职能的支持不断加深（Clemons et al.，2004），还存在信息系统成长成本。在土地评价信息系统中的成本主要分为基于活动的成本以及基于功能实现的成本两部分，基于活动的成本主要涉及评价活动的相关成本，基于功能实现的成本主要与系统的开发实现相关。为了将土地评价信息系统的效率和效用最大化，必须对工作效率、进度、人员成本等进行有效的控制。

土地评价信息系统中的元素主要可以归结为人与构建两个维度，土地评价信息系统各基本元素本身以及元素之间存在着有机的联系，将干系人稍作细分，得到元素分类以及元素冲突，通过分析各维度各元素之间的关系，得到一个对称矩阵如表 5-1 所示，C_i 表示两元素之间产生的冲突，N/A 表示不符合冲突的概念，$\propto$ 表示两元素正相关，$1/\propto$ 表示两元素负相关。冲突表达式如下，其中 n_c 表示冲突的数量。

$$\oplus C_i = \oplus (\bigcup_{j=1}^{n_c} C_{ij}) = (\bigcup_{j_1=1}^{3}(H_{j_1} \otimes H_{j_1})) \cup \bigcup_{j_1=1}^{3}\bigcup_{j_2=1}^{6}(E_{j_1} \otimes E_{j_2}) \cup (\bigcup_{j=1}^{6}(B_{j_2} \otimes B_{j_2}))$$

$$(5-9)$$

表 5-1   土地评价信息系统元素冲突表

维度	人（Human）			构建（Built）					
要素	用户 H_1	评价者 H_2	开发者 H_3	数据 B_1	功能 B_2	性能 B_3	文档 B_4	方法 B_5	成本 B_6
H_1	1	C_1	C_2	C_3	C_4	C_5	C_6	C_7	C_8
H_2	—	1	C_9	C_{10}	N/A	N/A	C_{11}	C_{12}	$1/\propto$
H_3	—	—	1	$\propto$	$\propto$	$\propto$	$\propto$	$\propto$	$1/\propto$

维度	人（Human）			构建（Built）					
要素	用户 H_1	评价者 H_2	开发者 H_3	数据 B_1	功能 B_2	性能 B_3	文档 B_4	方法 B_5	成本 B_6
B_1	—	—	—	1	C_{13}	$1/\propto$	$\propto$	C_{14}	$\propto$
B_2	—	—	—	—	1	$1/\propto$	$\propto$	C_{15}	$\propto$
B_3	—	—	—	—	—	1	N/A	$\propto$	$\propto$
B_4	—	—	—	—	—	—	1	C_{16}	$\propto$
B_5	—	—	—	—	—	—	—	1	$1/\propto$
B_6	—	—	—	—	—	—	—	—	1

　　系统干系人之间（Sh⊕Sh）可能存在组织内部的管理、组织与系统开发者的合作、评价者对组织管理者的支持等关系。不同的干系人与数据的关系（Sh⊕Da）也不同，管理者需要处理过的对相关土地决策能提供支持的数据（M⊕Da），更加关心相应成本下的系统功能（C⊕F）与性能（C⊕P）；其他用户希望利用系统功能获得土地评价的各种特征数据（Da⊕F）。土地评价信息系统开发过程中各元素也相互影响，如数据的输入、加工（Da⊕M）、输出（Da⊕P）。在本书的研究中，认为元素本身存在的冲突并不是系统的主要冲突，如系统干系人间的关系可以是显性的，比如组织成员和开发者之间正式的合约关系，也可以是隐性的，比如开发者之间的个人关系（情感、合作、信任）等，虽然开发者之间也可能存在冲突，但其共同目的都是顺利完成系统开发，所以开发者之间的冲突只是次要冲突；再如数据之间也存在着约束、描述等关系，但之间的冲突最终也只是数据与方法直接的冲突。因此本书对元素之间的冲突不做考虑，将其冲突因子设为1。

5.2.3　土地评价信息系统开发过程模型

　　根据土地评价信息系统概要模型，土地评价信息系统的系统类型可以形式化表达为：

$$S_i = A_{i1} \oplus R_{i2} \oplus SM_{i3} \oplus ST_{i4} \tag{5-10}$$

式（5-10）中，A 为区域；R 为资源状态；SM 为空间模型；ST 为信息系统类型。i1 ∈ {Single, Multi}，i2 ∈ {Static, Dynamic}，i3 ∈ {Non, Spatial}，i4 ∈ {MIS, DSS, ESS, 集成系统}。

按照土地评价信息系统的类型划分，各元素的应用趋势也不同，如图5-10所示，相比单区域静态资源的非空间模型，多区域由于土地特点不连续的特性、动态资源的数据需求的动态以及空间模型需要使用空间数据模型方法，功能、文档、数据、成本以及性能这几个元素因为系统类型的不同会受到较大影响。多区域动态资源的空间模型系统会产生更多的数据以及文档，提供更多的功能，造成成本的增加；但在相同成本下，由于一定的预算范围内软硬件方面的预算是固定的，要处理更多的数据实现更多的功能，会使系统的性能降低；干系人与方法这两个元素，并不会受系统的区域性、资源状态以及是否空间模型的影响，单区域系统用户可能很多，静态土地资源也可能使用多种土地评价方法，空间模型的数据库设计也不一定比非空间模型的复杂，因此这两个元素受这三方面的影响不大。从 MIS 到 DSS 再到 ES，系统的服务对象会从组织趋向于个人；系统的功能会由提供信息到提供决策再到提供知识；目标文档会由多变少；系统交互方法会由生成报告到提供人机交互；对于数据的处理会由对结构化问题的定量处理趋向于对半结构化、非结构化问题的定性处理；在操作性上也会由需要大量使用说明的 MIS 到人性化人机交互的 ES。不同开发方法、功能的复杂性、系统的部署、组织的战略目的以及系统可用性（Udo and Davis，1992）等都会对土地评价信息系统的开发成本造成影响，因此在其他元素不确定的情况下，成本不受系统类型的影响；但在一般的土地评价信息系统开发中，相对于 DSS，MIS 由于需要面对更多的系统用户、实现更多的系统功能，ES 需要更高的用户友好性，因此成本会相对更高一些。

土地评价信息系统开发过程中的两个主要行为是土地评价与信息系统开发，其生命周期与各阶段组成元素如图5-11、图5-12所示。在土地评价阶段，人的维度有用户以及评价者，这个阶段开发者不参与。构建维度的所有元素都参与开发过程，在土地评价计划阶段，需要对组织结构以及素材之类的文档进行解读归纳，根据一定的方法给出评价的逻辑模型，给出评价成本以及评价时线；在数据收集与分析阶段，从数据源得到数据，根据数据类型、数据质量选择不同的方法；在生成报告阶段，对前期的执行项目进行汇总，在土地评价报告中对评价过程、评价方法、评价结果进行详细描述，并给出相应的土地管理对策建议。

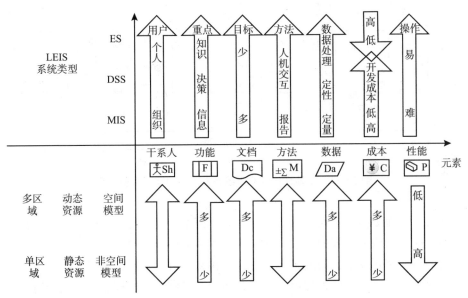

图 5-10　土地评价信息系统类型与元素变化趋势

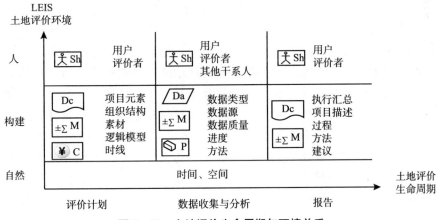

图 5-11　土地评价生命周期与环境关系

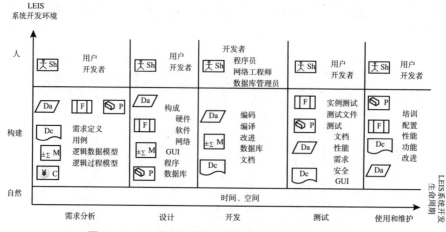

图 5 - 12　土地评价信息系统开发生命周期与环境关系

　　通过前面提出的土地评价信息系统概要模型，用基于环境的设计方法提取出的土地评价信息系统的元素、元素之间的冲突以及土地评价信息系统评价生命周期与系统开发生命周期各元素的参与状态，可以看出，瀑布模型在整个项目中很容易结合通用的管理模式进行管理，是严格的线性模型，虽然会有用户需求冻结、用户需求变更、成本高等问题，但仍然应用广泛。对土地评价信息系统来说，与一般的信息系统开发相比，加入了评价者这个干系人，根据不同的评价模型，需求很可能会发生变更，因此单纯的瀑布模型并不适用。增量式开发是敏捷方法的一部分，克服了瀑布模型可能产生的问题，提出先开发一个初始系统，让用户使用并听取用户的使用意见和建议，通过对多个版本的不断修改直到产生一个充分的系统，所有活动之间都能得到快速的反馈信息传递。土地评价信息系统存在评价者这类干系人，个体和交互就变得更加重要，这符合了敏捷宣言中的个体和交互胜过过程和工具、编写软件胜过书写详尽的文档，土地评价信息系统的开发方多是政府部门，所以在增量方法中，直到最后的增量描述完成，才会有完整的系统描述，这就导致了可能需要一种政府机构很难接受的新的合同形式。如果开发的土地评价信息系统是一个替换系统，迭代开发是比较困难的，因为用户不愿意尝试一个功能不完整的新系统，基于以上两点，单纯的增量式过程模型也不适合土地评价信息系统的开发。

　　基于以上对土地评价信息系统环境、元素、冲突以及过程模型的分析，得到最终的土地评价信息系统系统开发过程模型如图 5－13 所示，该模型结合了瀑布模型的系统性和可控性、敏捷开发中对"人的因素"的重视以及演化过程模型中的原型开发。要开发一个土地评价信息系统（这里的组织主要指土地管理机构），首先由用户、评价者和开发者共同参与通过系统类型概要模型确定土地评价信息系统的类型，然后分析系统各元素之间可能产生的冲突以及冲突解决方案；由评价者与用户参与土地评价，进行土地评价计划与数据收集和分析，得到的文档、数据、方法等由用户与开发者转换成需求定义、用例、系统逻辑模型。经过系统分析阶段，开发者进行系统设计与快速开发，开发出初始系统（原型）由用户进行测试，将测试结果反馈给开发者，开发者通过与用户的交流，对系统进行修改，直到实现用户的所有需求后，交付使用并提供维护。通过土地评价的结果开发信息系统，为土地规划、土地政策制定等提供支持。

土地评价信息系统开发过程模型有以下几方面的特征：

（1）用户参与。随着信息技术及信息系统的广泛应用，信息系统实施的用户方已充分意识到自身参与的重要性，因此大多具有较强的用户卷入意识，主动对自身参与行为进行组织、调整。在土地评价信息系统的过程模型中，用户从分析到评价再到开发，全生命周期参与。在系统类型分析、冲突分析阶段，用户作为土地相关管理者，了解土地状况，能够与评价方共同确定评价对象、目标、计划、搜集资料信息等，并在评价结束阶段参与评价结果的检验和修正；在系统开发阶段，使用原型系统，并作出反馈。

（2）前期分析。通过对土地评价信息系统的分析，土地评价信息系统自身的特点非常明确，通过前期分析可以确定系统类型，通过分析系统元素、子元素以及元素之间可能出现的冲突，以及冲突的解决方法，这在一定程度上更容易对系统进行需求分析以及开发实现。

（3）进化原型开发。原型是一个软件系统的最初版本，用于验证概念、试用设计选项、发现更多的问题和可能的解决方法。土地评价信息系统通过前期分析、土地评价以及需求分析阶段，迅速开发出系统原型，让用户思考系统怎样才能更好地帮助他们工作，可能提出新的需求；可以凭借用户界面的动态性，根据文字描述或者图形来反馈用户的界面需求是否得到满足。

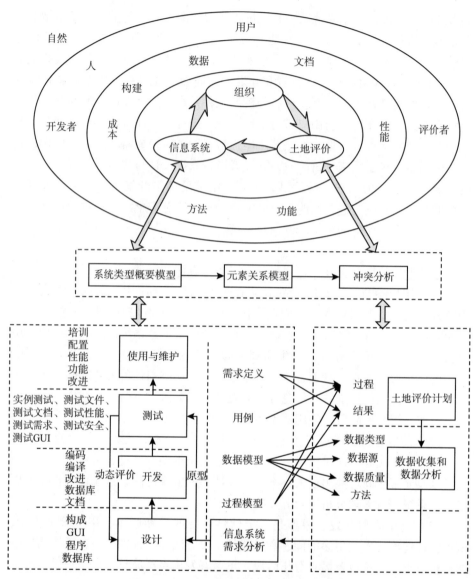

图 5-13 土地评价信息系统开发过程模型

（4）动态评价。与一般的信息系统评价不同，土地评价信息系统开发过程模型在开发过程中建立评价指标体系，对系统实现动态评价，在面对外部环境变化和用户需求变化时，不仅可以及时响应用户需求，及早发现问题，也能帮助系统快速开发、减少损失。

5.3　DI - LEIS 开发过程模型

DI - LEIS 是土地评价信息系统的一种，利用土地评价信息系统开发过程模型，首先由式（5 - 10）对开发区土地评价信息系统的类型进行判定，其类型如下：

$$S_i = A_{single} \oplus R_{Dynamic} \oplus SM_{i3} \oplus ST_{i4} \qquad (5-11)$$

开发区以工业、高新技术产业以及第三产业为主，对土地的评价实际上是同质化的，因此无论是单个开发区还是多个开发区的评价，都属于一个"小"的"同质化"的单区域。而对开发区的土地集约利用评价，无论是依照国家现行的两年一次，还是信息系统自定义的评价周期，评价系统和评价模型均可能出现变化，数据也随时间变化，因此系统属于动态资源。系统中关于开发区土地的空间信息可以使用专门的空间模型获取，也可以使用其他相关系统已有的数据输入，或根据已有的数据文档手动输入，因此空间模型不确定。系统类型取决于用户的需求，可以是只需要土地集约利用评价信息和数据的 MIS，也可以是集成了开发区土地决策具有模型库的 DSS，或集成了土地集约利用评价专家知识库的 ES。DI - LEIS 类型概要模型如图 5 - 14 所示，$S_1 - S_4$ 的系统类型如下所示：

$$S_1 = A_{Single} \oplus R_{Dynamic} \oplus SM_{Non} \oplus ST_{MIS} \qquad (5-12)$$

$$S_2 = A_{Single} \oplus R_{Dynamic} \oplus SM_{Spatial} \oplus ST_{MIS} \qquad (5-13)$$

$$S_3 = A_{Single} \oplus R_{Dynamic} \oplus SM_{Non} \oplus ST_{集成} \qquad (5-14)$$

$$S_4 = A_{Single} \oplus R_{Dynamic} \oplus SM_{Spatial} \oplus ST_{集成} \qquad (5-15)$$

下面对这四种 DI - LEIS 进行元素分析，四种系统的元素分析又可以细化为对单区域（A_{Single}）、动态资源（$R_{Dynamic}$）、空间模型（$SM_{Spatial}$）、非空间模型（SM_{Non}）、MIS 系统（T_{MIS}）与集成系统（$ST_{集成}$）的元素分析。DI - LEIS 主要元素关系模型如图 5 - 15 所示，每一个系统状态均涉及全部的 7 个元素，但每个状态都有对其影响最大的元素，如单区域涉及的主要元素是 Da 与 Sh；动态资源涉及的主要元素有 Da、C 和 M；非空间模型涉及的主要元素是 Da 与 M；空间模型涉及的主要元素是 Da、F 和 M；MIS 系统主要涉及的主要元素是 Dc；集成系统主要涉及的主要元素是 Da、C、Sh 和 F。

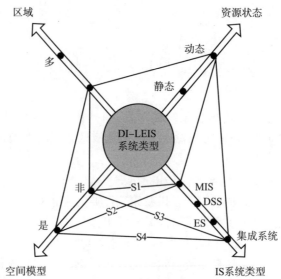

图 5 – 14　DI – LEIS 概要模型

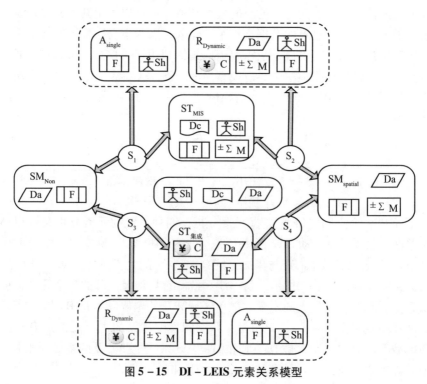

图 5 – 15　DI – LEIS 元素关系模型

作为开发区的单区域的数据相对统一且容易收集，元素之间的冲突主要产生于干系人之间的冲突以及评价者对数据的处理方法，产生冲突 C_1、C_{12}。动态资源由于土地的不同质、不连续或者地块过大，均导致了数据量的扩大，并引起了成本的增加以及产生了冲突 C_7。非空间模型不涉及空间属性，数据库结构相对简单，元素之间的矛盾主要存在于数据与方法之间，产生冲突 C_{14}。空间模型需要表达空间数据并解决空间数据的不确定性等问题，元素之间可能产生的冲突在用户与数据、数据与功能以及数据与方法之间，产生冲突 C_3、C_{13}、C_{14}。MIS 系统的主要功能在于文档的生成，因此其要素之间的冲突主要存在于用户与文档以及文档和方法之间，产生冲突 C_6、C_{16}。集成系统的更加智能化使得各要素之间的冲突增加，用户与成本之间、功能与方法之间、用户与性能之间以及用户与开发者之间，分别产生冲突 C_8、C_{15}、C_5、C_2。冲突描述与解决方式如表 5 -2 所示。

表 5 -2 **DI - LEIS 元素冲突表**

冲突	冲突描述	解决方案
C_1	评价者不理解用户的评价需求	多次沟通，形成详细的评价计划
C_{11}	评价者不理解组织文档	组织内部的相关责任人对文档进行解释说明，并及时、准确地为评价者提供所需要的信息
C_{10}	问卷收集到的数据不可用	提高问卷设计的质量或发出更多问卷以获取更多的有效数据
A_{Single}		
C_{12}	评价者提供理论上最合适的评价方法跟现实需求满足产生矛盾	协调评价方法的适用性与评价指标的可量化、指标数据的可获得性之间的关系
$R_{Dynamic}$		
C_3	用户无法提供非可控因素的数据	与数据提供者联系，如果仍不能得到数据，则考虑更换评价模型
C_9	评价者提供的评价模型开发者难以功能化	评价报告转换为需求文档时及时以电话、邮件、会议等形式沟通，在评价报告中详细阐述评价目的、内容和方法等方面的问题

续表

冲突	冲突描述	解决方案
SM$_{Non}$		
C$_{14}$	数据混乱导致方法不适用	根据需求清理数据，应用相对合理的方法进行开发
SM$_{Spatial}$		
C$_{14}$	开发者选择的空间分析方法对于数据的处理不够有效	评估方法的有效性，并对方法进行修正
C$_{13}$	数据缺失导致功能难以实现	修正数据结构，完善数据的收集，对不必要的数据进行删减
ST$_{MIS}$		
C$_6$	用户难以理解文档	提高文档可读性，尽量提供可视化的图像、资料，尽可能避免使用专用技术语言
C$_4$	用户不会使用某些功能	进行用户培训，提供更详细的用户手册，提高可用性
C$_{16}$	开发方法不当导致产生的文档过少或过于繁琐	根据开发反馈修正开发方法
ST$_{集成}$		
C$_5$	用户对系统的可交互性不满意	增加软件易用性，提高代码质量，增加硬件预算，图文视频化使用说明
C$_8$	为了控制成本，导致更多的人力资源参与系统	加强程序功能稳定性和自动化程度，减少人工维护、备份、使用的成本
C$_2$	系统需求没有完全实现	与开发者签订明确的合同
C$_{15}$	方法不当导致功能与需求偏离	根据遇到的困难，调整开发方法

在进行了系统类型分析、元素分析以及可能出现的元素之间的冲突分析之后，可以构建出 DI-LEIS 的开发过程模型如图 5-16 所示，模型在瀑布模型的系统性和可控性的基础上，重视敏捷开发中"人的因素"，使用了演化过程模型中的原型开发方法。由开发区土地相关管理部门作为委托方，由评价者进行开发区土地的集约利用评价，建立开发区土地集约利用评价指标体系以及评价模型，对评价指标以及模型需要的数据进行收集和分析；开发者、用户、评价者共同将评价计划与相关数据转换成系统需求，由开发者进行系统设计，快

速开发出系统原型，由用户对开发出的原型进行动态评价，提出需求变更或用户界面改进；当满足用户的系统需求后，对系统进行测试，对用户进行使用培训并最终交付用户使用，同时提供后期维护。通过对系统的使用学习，可能产生新的评价计划，或者由于知识的不断积累，可能要进行系统类型的转换，这都会形成对系统的更新，更新后的系统能够更好地为开发区土地管理部门提供决策支持。

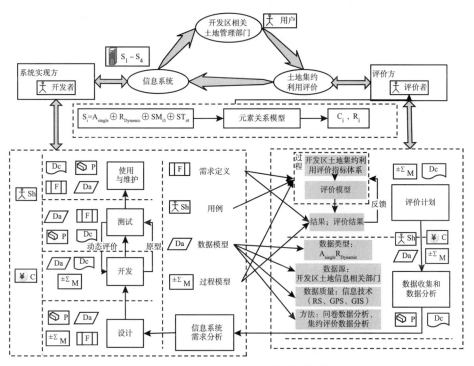

图 5 - 16　DI - LEIS 开发过程模型

5.4　本章小结

　　本章在前面开发区土地集约利用评价模型的基础上，从评价到信息系统的转换出发，分析了土地评价、土地信息管理与土地评价信息系统之间的关系，构建其关系模型。通过对现有土地评价信息系统的分析，总结出其在资助者、评价对象、数据集、设计方法、信息技术方面的共同点，构建土地评价信息系统类型概要模型。运用设计建模公理化理论及基于环境的设计方法，构建土地评价信息系统中主要元素的关系模型，根据冲突识别找出元素间可能出现的矛盾。通过分析土地评价信息系统评价生命周期与系统开发生命周期各元素的参与状态构建了通用的土地评价信息系统系统开发过程模型。

应用土地评价信息系统开发过程模型，对 DI – LEIS 进行分析，首先用土地评价信息系统类型概要模型判定其系统类型，将系统类型细化后通过关系模型找出其每一个系统状态下的主要元素，分析元素之间的冲突并给出解决方案，最后构建出 DI – LEIS 的开发过程模型。

第 6 章

DI‒LEIS 原型系统可用性评价模型

以信息系统为中心的信息产业已成为当今信息化社会最活跃、最有生机、最有潜力的支柱产业之一（Whitworth and Zaic，2003），也使信息系统成为影响企业效益和政府工作效率的关键因素。系统评价是信息系统领域研究的难题之一，要分析信息系统的功能、性能和效益等是否达到预期目标，就必须对其进行评价，这种评价一般都是在信息系统开发完成一段时间之后，此时的评价一般是具有总结性的。同时，大多数的信息系统虽然其界面、功能都比较完善，但在实际应用中，由于与使用人员的操作习惯有一定的出入，导致系统的使用人员对信息系统的使用存在抵触情绪，不利于系统的推广，这一现象也常出现于新老系统更替时期。

如图 6‒1 所示，DI‒LEIS 的开发过程模型是一个循环过程，大循环是系统的更新，是理解和验证系统所累积的经验和建造的模型，通过学习从而更好地对土地集约利用进行评价，从而提供更多的可用信息。大循环还包括了一个小循环，小循环中的反馈是为了监控、支持和解决执行过程中系统开发时遇到的问题，为了对 DI‒LEIS 的评价更有指导性，以及降低开发过程中系统的偏差和风险，本章提出在 DI‒LEIS 系统开发过程中对系统原型进行动态评价。

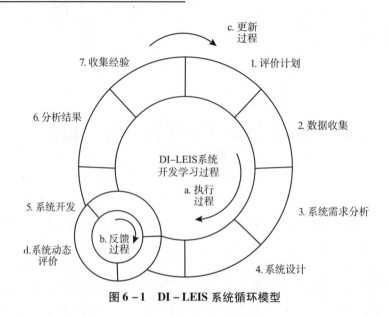

图 6 – 1   DI – LEIS 系统循环模型

6.1   相关研究

DI – LEIS 的使用对象和一般信息系统一样，都是行业中的用户，在开发实现之后的实施建设过程中，常常会出现一些问题，根据以往的项目经验，目前存在的问题有如下几条：

（1）使用观念问题。用户可能不接受信息系统在工作中的应用，以及结合信息系统对工作流程的优化和信息化。

（2）人员计算机水平。用户的计算机操作知识较为欠缺，对于信息系统特别是基于 Web 的系统理解有困难。

（3）业务管理差距。由于不同用户对于业务的了解程度有区别，对于信息系统中提供功能和操作与业务的结合不熟悉，会产生抵触情绪。

（4）使用习惯问题。特别在是新旧系统的切换过程中，用户习惯了原有的信息系统，新开发的信息系统学习成本较高，工作效率在系统实施的前期会降低，因此使用的积极性不高。

DI – LEIS 可能存在的问题在于，作为一个成熟的信息系统产品，其功能完全符合用户的需求，但是由于其人机交互的设计导致系统的可用性较差，用户在使用过程中满意度很低。这一问题也是实施类似的土地评价信息系统中所面临的一个主要问题。这些问题的存在，导致了土地评价信息系统没有达到其提高工作效率、提高信息化水平的目标，因此需要从开发到应用阶段对系统的开发方法和评估方法做出一定的改进。

6.1.1 基于原型法的信息系统开发

信息系统的发展经历了硬件系统、软件系统、人机交互系统、社会技术系统四个阶段，而系统开发的方法也在发展。在信息系统建设的长期实践中，形成了多种信息系统的开发方法，如结构化方法、面向对象方法、信息工程方法等，这些方法对系统分析模型有较高的预知性和感应性。结构化方法和面向对象方法都要求在开发之初明确系统目标，锁定系统边界，这往往是十分困难的事，在信息不对称的情况下尤其如此。原型法是继结构化方法之后，为快速将信息系统开发结果呈现到管理人员面前，避免"堆栈现象"产生和方便与管理人员沟通所采用的一种开发方法。它不强调在开发之初明确系统目标，而试图用探索的方法逐步逼近系统目标，具有开发周期短、成本低、原型易评价、易于修改等特点。

原型法的模型如图 6－2 所示，首先需要分析系统开发的可行性，然后通过需求分析确定系统的基本要求和功能，构造初始原型，通过往复的运行、评价、修改原型不断地完善系统。原型法的优点在于从原理到流程十分简单，用户与开发者思想易于沟通，使用软件工具效率高，摆脱了传统的渐进式开发方法，用户在开发接近结束时才有可能接触到系统，由于期望的不一致可能会导致较大的修改。因此，在中小型系统中，及时与用户沟通能够减小重复开发的损失，原型法的系统开发方法适用于中小型系统。

目前主要存在有两种快速原型开发方法：丢弃原型和进化原型。两者不同在于：进化原型是从一个原始的需求轮廓开始，逐步改进，最终发展成为符合实际需要的系统；丢弃原型是将之前的原型放弃。如果已经明确了新产品开发中采用的技术手段，这时的风险主要在于不明确的需求，此时采用进化原型方法，比丢弃原型方法更有效。因此根据前文的 DI－LEIS 系统开发过程模型，本书的系统开发属于进化原型的方法，通过用户评估的方法不断地对系统进行改进。

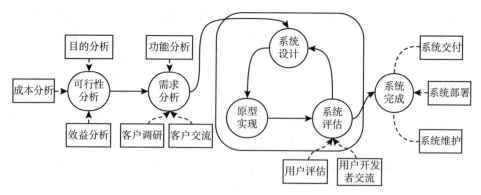

图 6-2　原型法系统开发模型

一般对信息系统的评价都是在建成后进行的，是对一个系统的性能进行全面地估计、检查、测试、分析和评审，并用实际指标与计划指标进行比较，以确定系统目标的实现程度，同时对系统建成后产生的效益进行全面评估。但是由于信息系统评价涉及内容广泛，实际情况各不相同，加之许多不确定因素的存在，实际的信息系统评价是一个非常复杂的问题。因此，在开发过程中建立评价指标体系，对系统实现动态评价，在面对外部环境变化和用户需求变化时，不仅可以及时响应用户需求，及早发现问题，也能帮助系统快速开发、减少损失。

6.1.2　可用性评价

过程度量是实施过程评价和过程改进的基础。过程评价是按照软件工程的一系列标准对软件过程的质量进行评定而使软件过程不断改进和优化的系列活动。通过过程度量，能够认知软件过程的现状，从而使已经或可能将要失控的项目得到合理的控制，同时还能评价过程改进的效果，达到过程评价的认知目的；过程改进是利用过程运作所获得的反馈信息，发现当前软件过程存在的问题和缺陷，提出改进的意见，进而实现软件过程的改进和完善。过程改进的关键是发现软件过程中所存在的问题和缺陷，而过程度量正是发现问题和缺陷的必备手段。

软件过程评估和改进越来越引起人们的重视，并出现了一系列标准。由于可以通过标准对软件和软件生产者进行级别的划分或鉴定，从而反映了软件的质量和软件生产者自身的能力，促进了软件生产者对自身能力的提升。这些标准还可以将经验转化为软件生产能力，因为标准本身就是对软件过程改进的研究探索中不断总结出来的规律和特点。

　　在小型软件组织或者中型软件组织的一个部门或项目组，由于自身资源和时间的限制，往往无法执行一次大型的正式评估。即便在大型的软件组织中，在执行正式的过程评估之前，也希望通过一次小规模的评估来大致了解组织的过程能力状态。为了保障产品的可用性，"以用户为中心的设计"（User Centered Design，UCD）是目前常采用的方法（Vredenburg et al.，2001），该方法的内容是在设计中可以邀请用户对即将发布或已经发布的产品以及设计原型进行评估，并通过对评估数据的分析进行迭代式设计直至达到可用性目标。

　　对 DI－LEIS 的开发过程进行评价，实际上就是干系人对原型系统的其他六个元素（数据、功能、性能、文档、方法、成本）的评价，如图 6－3 所示，这六种元素在系统设计阶段就已经为达到最大用户需求而进行了成本范围内的最优选择，开发者根据其专业知识会对开发的原型进行包括性能、数据、功能等方面的评价，测试系统的稳定性和完备程度，这些都可以由开发者单独完成。但在可用性评价方面，经验显示只有至多 20%～25% 的可用性问题可以由开发者发现，即使是相关系统方面最有经验的开发者也无法找到所有的可用性问题（Nielsen et al.，1990），由于 DI－LEIS 相比其他系统，有更为明确的系统用户，因此由系统开发过程中作为积极方的用户（Bannon，1989）参与系统原型的可用性评价，与开发者共同对系统元素的可用性进行描述、测量和分析，最后由开发者对系统原型进行改进，如此循环一直到可用性达到用户的要求。

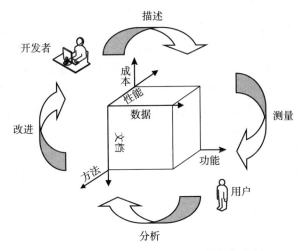

图 6－3　DI－LEIS 开发过程评价框架分析

关于可用性的定义，最早认识到可用性的重要性以及对可用性相关概念进行研究的是沙克尔（Shackel，1975），他将系统可用性定义为：提供特定的培训和用户支持，用一定范围内的指定方案完成指定任务，使用户能够简单、有效地使用系统功能。IEEE1061（1992）将可用性定义为：对一个系统或系统组成元素，用户可以轻而易举地学会操作。ISO9241-11（1994）中对可用性的定义是：一个产品可以被特定的用户在特定的境况中，有效、高效并且满意地达成特定目标的程度。ISO9241-210（2010）中对测试方法的说明：在设计中可以邀请用户对即将发布或已经发布的产品以及设计原型进行评估，并通过对评估数据的分析进行迭代式设计直至达到可用性目标。GB/T3187-97 对可用性的定义是（Zhou et al.，2011）：在要求的外部资源得到保证的前提下，产品在规定的条件下和规定的时刻或时间区间内处于可执行规定功能状态的能力，是产品可靠性、维修性和维修保障性的综合反映。可用性有以下几个特点：反映了整个系统的设计和技术水平；可用性的评价通过用户的具体操作和使用来评价；可用性评价的参数和指标在不同领域中是不同的，需要制定专门的评价标准。

可用性评估是检验系统的可用性是否达到了用户的要求。目的是满足以用户为核心的设计原则，也就是以让用户具有较高的满意度为最高原则。可用性的评价方法有如下几种。

（1）启发式评估法。

启发式评估法（Heuristic Evaluation）是一种用来发现用户界面设计中的可用性问题从而使这些问题作为再设计过程中的一部分被重视的可用性工程法（Nielsen，1999）。一般该类方法属于开放式的问题调查，主要通过用户或者特定领域的专业人员来完成，因而问题的发现有可能出现不全面的情况。库什努鲁克等（Kushniruk et al.，2004）、李宏汀等探讨了开发与更新信息系统的可用性评价方法，采用认知走查（Cognitive Walkthrough）的方法，评估系统的可用性。卡罗尔等（Carroll et al.，2002）也将可用性评估的方法用于用户参与医疗决策支持系统的设计和可用性评估之中，如认知走查、启发式评估、有声思维等。杨布拉德等（Youngblood et al.，2012）采用了用户测试的方法评估政府网站可用性。沙克尔（Shackel，2009）通过对可用性的定义，提出了可用性的三个评价过程：专家检查、模拟测试、和用户性能测试。霍斯基等（Horsky et al.，2010）分析了四种可用性评估的方法：E-mail、在线调查、有声思维、访问，结果表明这四种方法可以在系统的开发过程中同时使用，以减少由可用性带来的用户满意度问题。乌达尔等（Uldall et al.，2008）通过问卷和有声思维的方法，将其应用于提高可用性的过程中。法托等（Fatto et al.，2007）通过提供先进的视觉环境给对计算机科学领域感兴趣但使用又不娴熟的用户，对第三维度相关功能的地理现象进行组合问卷，从而衡量 3D – GIS 的可用性。

（2）基于系统使用数据的方法。

通过用户的访问数据对系统的可用性进行评价，优点在于可以精确地得知用户的操作问题和习惯，缺点在于用户数据的获取可能需要添加额外的系统模块来收集系统的数据。如吴鹏越等（2009）以系统日志文件中的数据为主要评估数据，实现了面向 Web 业务系统的可用性评估系统，发现可用性问题。贾勒特等（Jarrett et al.，2009）通过网站分析和搜索记录的方法对网站可用性进行评价。木村等（Kiura et al.，2009）提出一个记录网站中用户与系统交互的工具以评估网站的可用性。芭娜适等（Panach et al.，2007）等提出应用 STATUS 模式使用以模型为基础的网络工程方法自动生成 Web 应用程序的可用性，从而提高软件应用程序的可用性。郑方等（2008）根据任务和采用的容错策略，使用随机行为网建立了两个不同实例的并行计算机系统面向用户的可用性模型，通过实际数据进行了求解和分析，得出同一个系统下不同应用可能会反映给用户有较大差异的可用性特征。

（3）基于量化指标评价的方法。

这种类型的方法通过建立评价指标和评价方法对系统进行评价，评价数据的获取主要通过调查问卷进行收集。帕克等（Parket et al.，1999）通过应用层次分析法的评价方法，对用户界面的可用性作了研究，通过两个过程，使用层次分析法选择合适的评价指标，然后用基于用户评价的方法对可用性作出评价。张旸旸等（2007）基于易用性评测的理论基础，以电子商务软件易用性评测的指标体系和评测方法为研究依据，详述了如何运用层次分析法对指标值进行评价。周荣刚（2007）建立了包括人—机交互角度、用户角度和观察者角度的用户体验质量的 360°指标体系模型，应用层次分析法确定了指标体系中相关因素的权重，并根据模糊隶属度函数对用户体验质量评价标准进行了模糊化处理，最后采用模糊评价方法对用户体验质量进行评价。李永峰等（2012）将可用性分为外观可用性、感知可用性和绩效可用性，提出基于模糊层次分析法的产品可用性评价方法。李等（Lee et al.，2012）等通过结合以往研究和网站可用性专家的集中小组研究，调查了网站可用性的常见问题，提出了可用性指标体系，通过对网站的可用性测量验证了网站的可用性结构包含着用户很强的心理属性。加夫尼（Gafni，2009）在对可用性评价进行总结分析的基础上提出了质量度量可用性模型来测量无线信息系统可用性的水平，并使用不同的经验验证移动信息系统的可用性。程时伟等（2009）通过选取凝视时间、凝视数目、感兴趣区转移频次矩阵等眼动指标，结合交互任务与自顶向下的视觉认知机制对系统界面进行分析，建立了可用性评价模型并通过李克特5分量表让用户对系统的可用性打分，确定用户满意度。

在上述的三种方法中，启发式评估法需要用户花费时间参与系统的评估过程，才能发现问题，同时一次评估的时间开销也较大；基于系统使用数据的方法，数据的收集需要时间的积累，才能得到用户的完整使用数据，降低了开发的效率，在系统开发比较成熟的周期应用较为合适；基于量化指标评价的方法，主要工作集中在指标体系和评价模型的确定，在此基础上的评价，评估时间短，用户反馈容易，适合快速评价。通过对比三种不同的方法的各自特点，以及DI－LEIS原型开发过程中需要短时间的快速反馈，因此本书考虑采用量化指标评价的方法，通过建立指标体系和评价模型对原型系统的可用性进行评价。

6.2 可用性评价指标体系

可用性的各种不同定义是学者从不同角度对可用性进行的解释，也就导致了可用性没有确定的可测量的指标（Seffah and Metzker，2004）。对于最终用户，可用性是至关重要的，因为它测量用户的性能、满意度和工作效率，使用户在执行预期的任务时更有效率。对于管理者来说，可用性对于是否选择产品是一个重要的决定因素，因此它具有直接影响组织的生产力和性能。对于开发者来说，可用性是影响用户的性能和生产力的内部属性。本节就是要为DI－LEIS的原型动态评价建立面向用户的可用性评价指标体系。

6.2.1 评价指标选择

为了进行系统的可用性评价，需要建立合理的评价指标体系。目前有许多研究可用性的评价量表，但各种量表的可用性指标都不尽相同，因为可用性领域的学者对于什么是有用的可用性指标的看法不同，这些不同评价量表也在一定范围内被广泛采纳而且互相独立。量表由于对可用性的定义不同以及使用对象的不同而导致了内容的差异，这些差异主要包括（Folmer and Bosch，2004）：指标的名称不同，可能对相同含义的指标使用不同的名称；量表构成不同，学者会用不同的方式来组合可用性指标。目前对可用性评价量表研究应用较为普遍的有下面几种。

沙克尔（Shackel，1975）从两个方面考虑可用性：①可用性是系统相对其用户的一个相对属性，因此评价是基于用户对系统的运用产生的主观感知；②可用性是对系统和用户的交互的客观测量。虽然沙克尔没有明确定义如何从以上两个方面测量可用性，但从四个维度提出了可用性的评价标准，如图6-4所示，分别为：有效性：完成任务的性能；易学性：学习如何完成任务的程度；灵活性：适应任务变化的程度；态度：用户对系统的满意度。

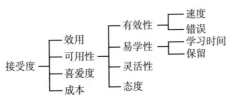

图6-4　沙克尔可用性的评价标准

尼尔森（Nielsen，1990）认为可用性是影响系统接受度的一个方面，系统的实际可接受度和社会可接受度是有区别的，如图6-5所示，可用性和效用评价了系统的实用性，用来评价帮助用户完成一组任务的能力。尼尔森认为可用性由以下几方面构成：易学性：系统应易于学习，用户可以快速地开始使用系统完成一定工作；有效性：系统应有效使用，当用户已经完全学会了系统，应将工作效率提高到一个较高的水平；记忆性：系统应该容易记忆，可以让临时用户在一段时间内不使用系统后不需从头学习就可以使用系统；容错性：系统应具有较低的容错率，让用户在系统使用过程中少犯错误。当出现错误时能很容易修复，且不会发生灾难性的错误；满意度：系统的使用应该是愉快的，当用户使用系统时主观上应该是对系统满意的。

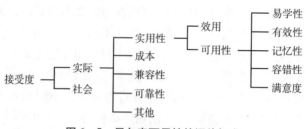

图 6 - 5　尼尔森可用性的评价标准

　　尼尔森并没有给出可用性的精确定义，但提出了以上的评价标准来明确地解释可用性的概念，根据尼尔森的启发式评估理论基础，系统可用性评估的内容及扩展如表 6 - 1 所示（Chen and Macredie，2005；Kılıç and Güngör，2009）。

表 6 - 1　　　　　　　　　　　　尼尔森启发式评估

启发项目	描述
系统可见性 A_1	用户能够方便了解系统状态
真实性 A_2	网站与用户语言一致，符合用户使用习惯
用户可控性 A_3	用户能够控制页面的流程
一致性 A_4	整个网站的操作习惯和设计应保持一致
容错性 A_5	用户能够解决操作出现的问题
可理解性 A_6	页面上的操作应保持简单有意义
使用效率 A_7	网站能够提高用户的效率
美工 A_8	页面的显示和布局没有多余的信息
信息完整性 A_9	网站能够发现问题并有解决方案
文档完整性 A_{10}	系统的帮助文档和使用方法应该完整

　　ISO9241 - 11 对可用性有明确的定义，定义通过系统性能（有效性、效率）和用户（满意度）的角度提出了面向内容的可用性观点。该标准解释了在评价系统性能和用户满意度时如何识别信息，给出了在使用系统时如何描述系统的内容，如硬件、软件或服务，也给出了明确的需求度量方式，还包括了作为质量体系的一部分可用性应该如何提出和评价。该标准因为其评价标准和评价工具的完整性而被广泛采用。如图 6 - 6 所示，ISO9241 - 11 对于可用性

的评价主要从三个方面：有效性：用户完成特定目标的准确性和完整性；效率：用户准确、完整地完成目标所消耗的资源；满意度：用户使用的舒适度和可接受度。

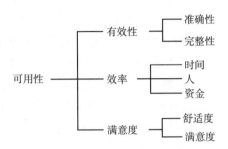

图 6 – 6　ISO 9421 – 11 可用性的评价标准

根据 ISO9241 – 11 提出的可用性测试量表如表 6 – 2 所示。

表 6 – 2　　　　　　　　　　　　**ISO9241 – 11 可用性量表**

项目	描述
效率 B_1	系统能够节约时间
	用户使用系统时倾向于犯错误
	用户使用系统时不会出错
	用户需要花费时间来修正问题
有效性 B_2	系统能够让用户完成任务
	用户需要能完成更多任务的系统
	用户不需要用另外的系统作为补充
满意度 B_3	用户对系统满意
	用户倾向于使用其他的系统
	如果可选，用户愿意选择使用此系统
	此系统的用户体验非常差

奎瑟贝利（Quesenbery，2003）认为 ISO 9241 – 11 等量表主要适用于企业和其他与经营相关的应用环境，但在信息搜寻和在线服务等领域不太适用。微

软公司根据其在 IT 界的经验和影响程度，也发布了可用性指南（Microsoft Usability Guidelines，MUG）。MUG 提供的可用性评估量表并不是所有的指标都同等重要，而是与系统的功能、用户的角色、用户的目的等因素密切相关，可用性的属性中指标的权重随实际系统而改变（Lecerof and Paterno，1998）。MUG 将可用性分为五个维度，包括内容、易用性、宣传、定制服务及情感，其中除宣传以外的其他四个维度，还包含数个子维度，如图 6-7 所示：内容：用来评估系统所包含的信息以及将这些信息传递给用户的能力；易用性：是使用系统时对用户能力的要求，系统对用户能力的要求越低，则该系统越易使用；促销：指在 Internet 或其他媒体上的广告宣传能力；定制服务：指系统能满足特定用户需求的能力；情感因素，指系统能作出情感反应的能力。实践表明，系统能像人一样有情感地做出反应，这在计算机使用环境中起着非常重要的作用。

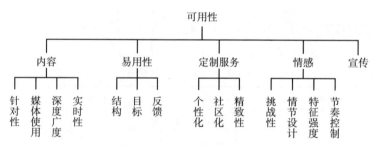

图 6-7　微软可用性的评价标准

学者对 MUG 的实例研究和扩展研究如表 6-3 所示，随着基于 Web 的信息系统的发展，其中某些可用性评价指标是对前文测试量表的补充，如表 6-3 所示。

表 6-3　　　　　　　　　　　　微软可用性评价

项目	描述
易用性 C_1	使用系统的认知能力
定制服务 C_2	系统满足某一用户的特定需求
情感 C_3	由系统调动的情况下情感的反应
内容 C_4	评价系统承载信息及传输能力

在对不同类型和不同对象的系统进行可用性评价时，其指标含义和子指标的组成也各有不同，较常见的其他可用性评价项目如表 6 – 4 所示。从表 6 – 1 到表 6 – 4 中所列的指标为目前系统可用性评价的常用指标，这些指标中有些评价体系没有特定的对象类型，有些更适用于政府门户或者网站等，对于本书研究的 DI – LEIS，其使用对象和操作均有所不同，因此需要筛选合适的评价指标，以实现合理准确评价系统开发原型的目标。

表 6 – 4　　　　　　　　　　　　其他可用性评价项

项目	描述	文献
有效性 D_1	系统的任务流程、技术水平	袁玉宇等，2006；甘利人等，2009；梁建华等，2006；张丽萍等，2003；刘爱华，2008；刘增等，2009；贺力，2010；张旸旸等，2007；周荣刚，2007；Younghwa Lee，2012；Brian Shackel，2009
易用性 D_2	系统的内容、排版、操作性	袁玉宇等，2006；甘利人等，2009；梁建华等，2006；张丽萍等，2003；刘爱华，2008；刘增等，2009；贺力，2010；张旸旸等，2007；周荣刚，2007；Anirudha Joshi，2010；Manuel F. Bertoa，2005；Younghwa Lee，2012
易学性 D_3	系统外观、界面	袁玉宇等，2006；甘利人等，2009；刘增等，2009；贺力，2010；张旸旸等，2007；Anirudha Joshi，2010；Manuel F. Bertoa，2005；Younghwa Lee，2012；Brian Shackel，2009
满意度 D_4	为用户提供的服务	甘利人等，2009；张丽萍等，2003；刘爱华，2008；周荣刚，2007
成本 D_5	技术支持	袁玉宇等，2006；黄微等，2003；Anirudha Joshi，2010
吸引力 D_6	用户继续使用的意愿	袁玉宇等，2006；刘增等，2009；贺力，2010；张旸旸等，2007；Younghwa Lee，2012；Brian Shackel，2009
容错性 D_7	系统出错之后的处理	袁玉宇等，2006；刘增等，2009
相关性 D_8	系统目标与用户目标相同	Younghwa Lee，2012

6.2.2　可用性评价指标体系的建立

对信息系统进行综合评价方面的研究很多，多选取信息系统的性能、经济效益、完成度等方面的指标进行评价，而在系统开发过程指标的选取方面，由于出发点不同，重点在对过程中可控、可评的指标进行评价。本书的信息系统可用性评价指标建立的原则为以下五方面：（1）所有指标均可量化，能够根据指标获得详细的评估数据；（2）数据可以测量和观察得到，并且可再现；（3）应当具备较好的结构效度；（4）可以按照周期进行复查，验证评价后系统原型的改善情况；（5）评价的指标能够反映用户的实际工作任务和操作环境。

根据前文的指标集合，依据指标建立的原则，制定可用性指标集。通过与土地相关信息系统使用方面的专家组沟通，归纳总结前文提及的几个可用性评价量表，参照土地评价信息系统可用性的具体适用性，将指标体系中的项目与从表6-1到表6-4中的评价项目对应，归结为可操作性、响应程度、学习性以及易读性4个方面，如表6-5所示。

表6-5　　　　　　　　　　信息系统可用性评价指标体系

系统可用性	描述及对应其他可用性评估项	指标
操作性	反映用户能够有效使用系统的能力 A_3、A_5、B_1、B_3、C_1、C_2、D_1、D_2、D_6、D_7	导航便利性 V_1 输入方式 V_2 输入项的数量 V_3 错误处理 V_4 输入信息修改的方便性 V_5 页面跳转方式 V_6 页面数量 V_7
响应程度	反映系统的执行效率，能够减少用户的等待时间 A_7、C_4、D_1	程序开始和结束的时间 V_8 对输入的响应时间 V_9 页面加载的时间 V_{10} 对检索的响应时间 V_{11}
学习性	反映系统对用户的友好程度，用户能够很好地进入工作状态 A_1、A_6、A_{10}、B_2、C_3、D_3、D_5	易操作性页面导航合理 V_{12} 用户手册清晰 V_{13} 页面操作提示合理 V_{14} 帮助功能齐全 V_{15} 出错信息有用 V_{16}

续表

系统可用性	描述及对应其他可用性评估项	指标
易读性	反映系统界面设计的合理性 A_2 、A_4 、A_8 、A_9 、B_3 、C_4 、D_2	各元素安排合理 V_{17} 颜色 V_{18} 字体大小 V_{19} 对信息内容的解释 V_{20} 页面样式统一 V_{21} 重要信息突出 V_{22} 不同类型信息区分 V_{23} 输入信息的位置和格式 V_{24}

　　为了检验这些指标是否能够真实反映出用户对系统可用性的评价，研究使用德尔菲法对可用性指标做进一步的分析。德尔菲法也称专家调查法，是一种采用通信方式分别将所需解决的问题单独发送到各个专家手中，征询意见，然后回收汇总全部专家的意见，并整理出综合意见。随后将该综合意见和预测问题再分别反馈给专家，再次征询意见，各专家依据综合意见修改自己原有的意见，然后再汇总。这样多次反复，逐步取得比较一致的预测结果的决策方法（Linstone and Turoff，1975）。

　　调查对象为根据附录 1 中系统使用时间、频率及熟练程度等选择的从事与土地相关工作的工作人员，他们直接接触系统并在日常工作中频繁使用信息系统，这些人群属于系统的用户，他们对于系统的评价就是用户的可用性评价。因此调查对象选取这些人群是必要和合理的。此外德尔菲法由专家单独提出意见，尽可能保证不受其他人员的影响，对于可用性的评价也是必要的。特别是在可学习性上，由于计算机技能的差异，计算机技能高的评价人员能够很容易地掌握系统的操作，而计算机技能不高的评价人员对于系统可学习性的要求可能会特别高，因此使用德尔菲法能够让这些评价人员不受影响，同时通过统一专家意见，也能保证指标选择的合理性。

　　首先设计调查问卷确定指标的适用性。指标重要性程度依据李克特 5 分度量法分为 5 个等级：很重要（5 分），重要（4 分），一般重要（3 分），不太重要（2 分），不重要（1 分）。问卷调查表内容见附录 2。

　　假设专家数为 m，指标项目数为 n，则可得到下列几个关键指标计算公式。

　　专家的积极系数 P，其中 N 为发出问卷数：

$$P = \sum_{i=1}^{m} n_i / N \qquad (6-1)$$

专家意见集中程度 K_j，其中 k_j 为专家给指标 j 满分的数量：

$$K_j = \frac{k_j}{m} \qquad (6-2)$$

专家意见变异系数 V_j，其中 M_j 为第 j 个指标的平均数：

$$V_j = \frac{\sqrt{\frac{1}{m-1} \sum_{i=1}^{m} (C_{ij} - M_j)^2}}{M_j} \qquad (6-3)$$

令 R_{ij} 为第 i 个专家对第 j 个指标的评价等级，则等级和 S_i 为：

$$S_i = \sum_{i=1}^{m} R_{ij} \qquad (6-4)$$

$$\bar{S}_i = \frac{1}{n} \sum_{i=1}^{n} S_i \qquad (6-5)$$

$$T_i = \sum_{i=1}^{m_i} (n_{ij}^3 - n_{ij}) \qquad (6-6)$$

式（6-6）中 m_i 为第 i 个评价者的评定结果中的评价等级重复的次数，n_{ij} 为第 i 个评价者的评定结果中第 j 个评价等级重复的相同等级数。对于评定结果无相同等级的评价者，$T_i = 0$，因此只须对评定结果有相同评价等级的评价者计算 T_i。专家意见协调系数 W 计算公式为：

$$W = \frac{12 \sum_{i=1}^{n} (S_i - \bar{S}_i)^2}{m^2(n^3 - n) - m \sum_{i=1}^{m} T_i} \qquad (6-7)$$

协调系数反映了专家彼此之间对每项指标给出的评价意见是否存在较大分歧，W 取值在 $0 \sim 1$，W 值越接近 1，表示协调程度越好。

通过 3 轮调查的结果，有 6 项指标评价者认为对于可用性的评价不重要，分别为页面数量 V_1、导航便利性 V_6、页面跳转方式 V_7、页面加载的时间 V_{12}、页面操作提示合理 V_{14}、页面样式统一 V_{21}。3 轮的调查结果如表 6-6 所示，可以看出，协调系数经过评价人员的反复评估反馈，对于指标的重要程度取得了较为一致的看法，因此取值接近 1，通过 χ^2 显著性检验，说明结果是可信的。

表6-6　　　　　　　　　　　　　3轮评价统计

调查轮数	指标数	协调系数 W	P
第1轮	24	0.62	<0.05
第2轮	24	0.70	<0.0001
第3轮	24	0.81	<0.0001

　　从图6-8可以看到，通过3轮的评价调查，评价人员的意见趋于统一，专家意见变异系数 V 降低并保持在稳定程度。专家意见集中程度 K 在3次调查中略有提高，表明评价人员的意见基本已经确定，从最后的评价结果来看，有6项指标被认为是不重要的，而其他18项指标对于可用性的评价是有影响的，因而保留作为可用性评价的指标体系。

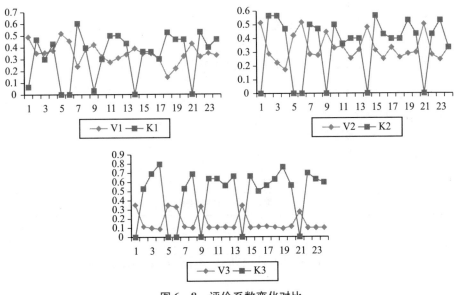

图6-8　评价系数变化对比

　　根据问卷的反馈，结合实际系统的使用情况，从系统性能和用户满意度指标中提取学习性、操作性、响应、易读性等四方面的指标进行评价，如表6-7所示。

表6-7 修正的信息系统可用性评价体系

目标层	准则层	指标层
开发过程信息系统综合评价	操作性 H_1	输入方式 α_1
		输入项的数量 α_2
		错误处理 α_3
		输入信息修改的方便性 α_4
	响应程度 H_2	程序开始和结束的时间 α_5
		对输入的响应时间 α_6
		对检索的响应时间 α_7
	学习性 H_3	易操作性 α_8
		用户手册清晰 α_9
		帮助功能齐全 α_{10}
		出错信息有用 α_{11}
	易读性 H_4	各元素安排合理 α_{12}
		颜色 α_{13}
		字体大小 α_{14}
		对信息内容的解释 α_{15}
		重要信息突出 α_{16}
		不同类型信息区分 α_{17}
		输入信息的位置和格式 α_{18}

6.3 DI-LEIS 原型系统可用性评价模型的构建

在对系统进行可用性评价时，对于干系人特别是用户来说，必然希望系统在任何方面都能运行良好，没有哪个指标是不重要的，在此基础上用主观赋权计算出来的各个指标的权重就可能很相近，如使用层次分析法对准则层中易读性中有关指标进行评价，由于指标数量较多，构造的判断矩阵很难在少量迭代的情况达到一致，专家会在返回次数过多的情况下失去耐心，从而构造出元素全壹矩阵。使用客观赋权法的不足主要表现在，客观赋权法只是从客观因素来考虑指标的权重，完全忽略了决策者的主观意向，得到的权重可能会与人们的主观意愿或实际的情况不一致。通过多元统计方法分析出来的结果可能出现干系人在以前的使用过程中对稳定的指标习以为常，对总体满意度影响很小，反而对某些曾导致出错的指标印象很深，认为对可用性影响程度特别高。

为了避免以上分析中产生的问题，提出基于功能的用户相似性评价模型。首先，将 DI - LEIS 干系人（Sh）中的系统用户细化为三类：决策者（Decision Makers，DS）、普通用户（Normal Users，NU）和评价者（Evaluator Users，EU），这三类主要的系统用户因为使用的主要系统功能不同导致了对可用性的重视方面不同，DS 主要是观察评价结果、数据分析结果等，较注重易读性；NU 主要是对各种指标数据的收集和输入，较重视操作性；EV 主要是对各类线上问卷进行响应以及给出专业意见，较重视学习性。不同的系统用户因为使用不同的系统功能对可用性有不同的需求，因此有必要对这三类用户分别做基于功能的评价。评价是在系统开发过程中动态进行的，主要是对当前原型的判断以及之后原型的期望的评价，因此对三类用户分别依据表 6 - 8 的描述对指标体系的指标进行重要性判断。

表 6 - 8　　　　　　　　　可用性评价指标的重要性度量表

值	重要性	描述
8	Critical（CR）	用户无法完成功能，放弃使用系统
4	Major（MA）	用户可以完成功能，但会遇到较大的困难和挫折，甚至执行许多不必要的步骤，只能通过指示克服问题
2	Moderate（MO）	多数的用户可以使用适度的努力来克服问题，完成功能。再次使用系统时，仍记得如何执行任务
1	Minor（MI）	间歇出现的问题，容易克服，用户通常是由于审美的原因对系统表示不适应

经过判断分析，得到的判断集合为：
$$\delta = \{\delta_{ij}^{n} \mid i=1, 2, \cdots, m, j=1, 2, \cdots, 18, n=(DS, NU, EV)\}$$
$$(6-8)$$
式中，I 为各类型用户参与评价的人数；J 为指标编号；N 为 DS、NU、EV 三种用户选择。

每一类用户根据其使用系统的类型和使用时间长短产生不同的体验，会导致其认为指标的重要性有所差别，判断这种差别需要用相似性算法。结合数据完整度和指标重要性度量方式，本书选择 Spearman 相关来度量相似性，Spearman 相关系数是衡量两个变量依赖性的非参数指标，利用单调方程评价两个统计变量的相关性，也被定义为等级变量之间的 Pearson 相关系数，是对 Pearson 检验要求数据正态分布的一种修正。假设 X、Y 为同一类的两个用户，则其指标重要性判断集合分别为δ_{xj}和δ_{yj}，它们的元素个数 j 均为 18，对其进行排序（同时为升序或降序），得到两个排序集合$r(\delta_{xj})$和$r(\delta_{yj})$，其中元素 x_j、y_j 分别为指标 j 在排序集合中的排行。两个用户 X、Y 之间的 Spearman 相关系数可以表示如下：

$$\rho_{xy} = \frac{\sum_{j=1}^{18} (x_j - \bar{x})(y_j - \bar{y})}{\sqrt{\sum_{j=1}^{18} (x_j - \bar{x})^2 \sum_{j=1}^{18} (y_j - \bar{y})^2}}, \quad \forall j \in [1, 18] \quad (6-9)$$

假设共有 k 位用户参与评价，则与其中 a 用户相似的用户个数为t_a，判断与 a 用户相似的条件为$\rho_{ai} \leq \eta$（$\rho_{ab} = \rho_{ba}$，$\rho_{aa} = 1$），其中 $\eta \in (0, 1]$ 为相似性域值。用户 i 的相似性权重为：

$$\beta_i = \frac{t_i + 1}{\sum_{i=1}^{k} t_i + k} \quad \forall i \in [1, k] \quad (6-10)$$

指标 j 的相似权重总分为：

$$\theta_j = \sum_{i=1}^{k} \beta_i \times \delta_{ij} \quad \forall i \in [1, k] \quad (6-11)$$

指标 j 的最终权重为：

$$\lambda_j = \frac{\theta_j}{\sum_{j=1}^{18} \theta_j} \quad \forall j \in [1, 18] \quad (6-12)$$

确定各指标权重后，需要对实现原型的各指标的功能实现度进行打分，分值 s_j 按照从"对所有功能实现完全帮助"到"对功能实现没有帮助"对应指标得分 10~0 分。根据式（6-13）得到可用性分值 Vn，并找到其对应区域，域值对应可用性描述如表 6-9 所示。

$$V_n = \sum_{j=1}^{18} \lambda_j \times s_j \quad \forall j \in [1, 18] \quad (6-13)$$

表6‑9 可用性评价结果域值及描述

域值	[10, 7.5]	[7.5, 5]	[5, 2.5]	[2.5, 0]
等级	IV	III	II	I
可用性描述	优秀	良好	一般	差

总结可用性评价模型如图6‑9所示，首先根据 DI‑LEIS 系统功能的使用情况对系统用户进行分类，分类的用户对指标进行重要性度量，根据重要性度量值计算用户之间的 Spearman 相关系数，通过相关用户的个数与重要性度量值得到各指标在某类用户的权重。用户在原型实现后对指标的功能实现度进行打分，结合指标权重，得到某类用户的可用性等级，根据可用性等级与指标得分，对原型系统进行修正，再对修正的原型系统进行可用性评价，如此循环，直到用户均对系统满意为止。

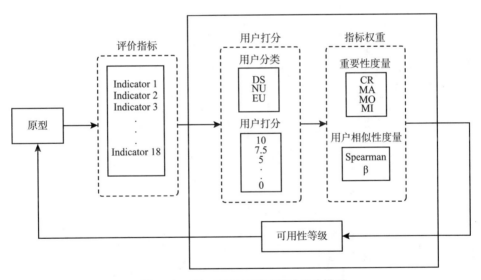

图6‑9 DI‑LEIS 原型可用性评价模型

6.4 实例分析

以西安高新区 DI‑LEIS 原型开发为例，对开发的原型系统进行可用性评价。分别选择经常使用土地评价、土地管理系统以及专家打分系统功能的各 20 位普通用户（NU）、决策者（DM）以及专家用户（EU）进行指标权重确定。首先由专家根据指标重要性度量表对指标重要性进行打分，将打分结果根据式（6-9）进行计算，结果显示三种用户的相似性最小最大值分别为 DM：0.5955 ~ 0.9597；EU：0.6493 ~ 0.9755；NU：0.6628 ~ 1。NU 的总体相似性较高，还有两份完全相同的问卷，DM 的总体相似性较低，EU 居中，说明在三类用户中，普通用户对指标的重要性程度有较高的一致性认同，决策者的指标重要性认同更分散一些。当选择不同的相似性阈值，各类专家的相似性个数如图 6-10 所示。阈值选取过低会降低相似性精度，曲解专家的指标重要性判断，因此对 DM、EU 和 NU 的阈值分别选取为 0.85、0.9 和 0.9。

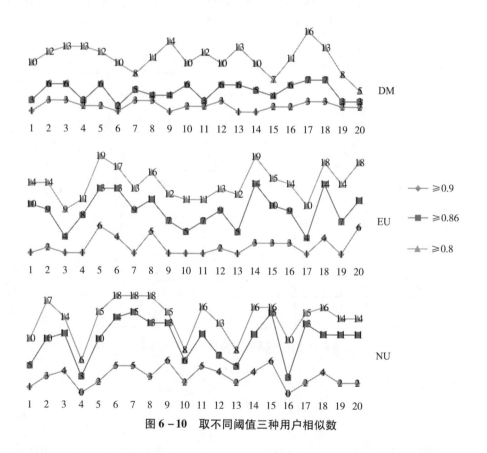

图 6-10　取不同阈值三种用户相似数

　　根据选定的阈值，由式（6 - 10）得到用户的相似性权重，通过式（6 - 12）得出各指标在不同类型用户下的局部和全局权重如表 6 - 10 所示，准则层权重如表 6 - 11 所示。从权重结果可以看出三类用户对指标重要性的认同度有较大差别，如最重要的前三位指标，决策者认为分别是易操作性、程序开始和结束的时间以及帮助功能齐全；专家用户认为是输入方式、出错信息有用和输入项的数量；普通用户认为是对输入的响应时间、帮助功能齐全以及易操作性。准则层的权重各类用户给出的排序也各有不同，决策者认为易读性比其他的准则都重要很多，专家用户认为操作性最重要，学习性和易读性的重要性差别比较小，响应程度的重要性最低；普通用户也认为操作性最重要，易读性、学习性和响应程度重要性逐级递减。权重结果与用户的功能需求较吻合，决策者需要根据各种评价结果作出决策，用到的功能主要是查看数据分析、评价结果等，因此系统的易读性对决策者的使用意愿有较大影响；专家用户主要是参与土地集约利用评价，因此用到的主要功能为在线问卷填写，如果系统的操作性很差，专家认为其他形式的问卷填写更省时高效，则会放弃使用系统；普通用户主要是对评价所需数据和资料的收集、输入和分析，因为土地集约利用评价可能会用到大量的空间和非空间数据，因此操作性是影响普通用户使用系统的关键因素。

表 6 - 10　　　　　　　　　　　　指标权重计算结果

指标	指标局部权重（排序）			指标全局权重（排序）		
用户	DM	EU	NU	DM	EU	NU
$H_1\alpha_1$	0.2454 (2)	0.2897 (1)	0.2493 (2)	0.0304 (14)	0.1003 (01)	0.0889 (05)
α_2	0.2235 (4)	0.2866 (2)	0.2372 (4)	0.0277 (16)	0.0992 (03)	0.0846 (07)
α_3	0.3043 (1)	0.1398 (4)	0.2642 (1)	0.0377 (10)	0.0484 (09)	0.0942 (02)
α_4	0.2268 (3)	0.2839 (3)	0.2493 (3)	0.0985 (15)	0.0983 (05)	0.0889 (05)
$H_2\alpha_5$	0.4295 (1)	0.3243 (2)	0.3574 (2)	0.0886 (02)	0.0394 (10)	0.0664 (08)
α_6	0.1512 (3)	0.5490 (1)	0.5086 (1)	0.0312 (13)	0.0667 (07)	0.0945 (01)
α_7	0.4193 (2)	0.1267 (3)	0.1340 (3)	0.0865 (04)	0.0154 (18)	0.0249 (15)
$H_3\alpha_8$	0.3311 (1)	0.1376 (3)	0.4398 (1)	0.0887 (01)	0.0372 (11)	0.0921 (03)
α_9	0.0978 (4)	0.1291 (4)	0.2202 (2)	0.0262 (17)	0.0349 (12)	0.0461 (09)

指标	指标局部权重（排序）			指标全局权重（排序）		
用户	DM	EU	NU	DM	EU	NU
α_{10}	0.3281（2）	0.3650（2）	0.1585（4）	0.0879（03）	0.0987（04）	0.0332（13）
α_{11}	0.2430（3）	0.3683（1）	0.1815（3）	0.0651（09）	0.0996（02）	0.0380（11）
$H_4\alpha_{12}$	0.2135（1）	0.0737（6）	0.1164（4）	0.0858（05）	0.0193（16）	0.0289（14）
α_{13}	0.0912（5）	0.0653（7）	0.0669（6）	0.0366（11）	0.0171（17）	0.0166（17）
α_{14}	0.0592（7）	0.0778（4）	0.0637（7）	0.0238（18）	0.0204（14）	0.0158（18）
α_{15}	0.2060（2）	0.3658（1）	0.1358（3）	0.0828（06）	0.0958（06）	0.0337（12）
α_{16}	0.1784（3）	0.1142（3）	0.1595（2）	0.0717（07）	0.0299（13）	0.0396（10）
α_{17}	0.1654（4）	0.0745（5）	0.0951（5）	0.0665（08）	0.0195（15）	0.0236（16）
α_{18}	0.0863（6）	0.2287（2）	0.3626（1）	0.0347（12）	0.0599（08）	0.0900（04）

表6-11　　　　　　　　　　　　准则层权重表

准则/用户	准则层权重值（排序）		
	DM	EU	NU
H_1	0.1239（4）	0.3462（1）	0.3566（1）
H_2	0.2063（3）	0.1215（4）	0.1858（4）
H_3	0.2679（2）	0.2704（2）	0.2094（3）
H_4	0.4019（1）	0.2619（3）	0.2482（2）

在得到各指标权重后，通过在开发过程中组织各类用户使用原型系统来评价系统的可用性程度。用户根据对原型系统的使用感受对各指标进行打分，满意度为0~10，以NU为例，其四个原型系统中各可用性指标的分数如图6-11所示，由式（6-13）得到可用性得分，根据表6-9确定可用性所属级别。

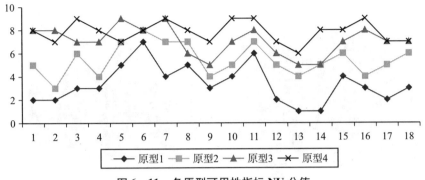

图 6－11　各原型可用性指标 NU 分值

由图 6－12 及表 6－12 可以看出原型系统的可用性总体趋势是逐步增高的。准则层中最低分是专家用户在原型 1 时对学习性的评分，说明初始的原型系统在用户手册、易用性等方面比较差；最高分是专家用户在原型 4 时对易读性的评分，用户对易读性中的各指标的可用性很满意。总分方面，专家用户认为原型 3 的可用性已经达到了优秀，其他的用户对系统可用性评价均是在原型 4 达到优秀，这与专家用户在系统功能使用方面相对单一、较容易通过系统修正达到需求有关。专家用户和普通用户的响应程度的数值一开始就较高，因为此准则主要受硬件软件性能、网络环境影响，且比较稳定，原型 4 的数值反而比原型 3 的数值低，可能是由于其他准则的提高特别是操作性的提高，会导致响应程度的下降。其他的指标均是根据反馈逐渐增加，虽然所有用户都认为原型 4 已经达到优秀的可用性，但还有准则层的指标没有达到优秀，系统下一步的改进主要集中在以下方面：（1）决策者的操作性和学习性，决策者对系统的使用时间较短，只在需要用到系统的时候才进行操作，随着系统的完善，系统更加复杂，操作性和学习性改善较慢可能是对系统不熟悉导致的，可以通过提高系统的自动化程度，如增加智能提示等方法来改进；（2）专家用户的响应程度，响应程度变低可能是由于多个用户请求与系统本身的数据量变大导致的，可以通过升级硬件来解决；（3）普通用户的易读性，普通用户需要和系统进行大量的互动，易读性的某些指标如元素安排、颜色、字体大小等可能需要专业的美工对系统进行美化，提升易读性。

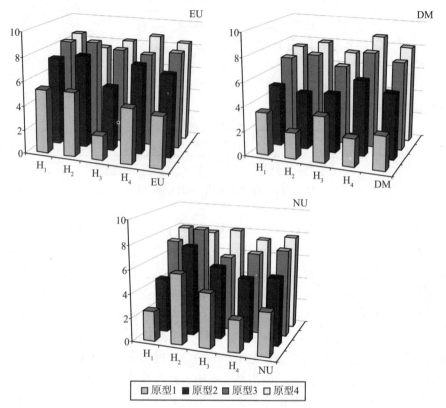

图 6 – 12　开发过程信息系统各准则层加权得分

表 6 – 12　　　　　开发过程信息系统综合评价各层得分及所属级别

用户	开发次数	准则层得分（所属级别）				总分（级别）
		H_1	H_2	H_3	H_4	
DM	1	3.5148（Ⅱ）	2.1462（Ⅰ）	3.7751（Ⅱ）	2.3040（Ⅰ）	2.8156（Ⅱ）
	2	5.0738（Ⅲ）	4.6648（Ⅱ）	4.8603（Ⅱ）	6.2237（Ⅲ）	5.3944（Ⅲ）
	3	6.9332（Ⅲ）	7.3644（Ⅲ）	6.5743（Ⅲ）	7.9147（Ⅳ）	7.3204（Ⅲ）
	4	7.4525（Ⅲ）	7.9582（Ⅳ）	7.2631（Ⅲ）	8.7906（Ⅳ）	8.0439（Ⅳ）

用户	开发次数	准则层得分（所属级别）				总分（级别）
		H_1	H_2	H_3	H_4	
EU	1	5.2917（Ⅲ）	5.3259（Ⅲ）	2.0491（Ⅰ）	4.5735（Ⅱ）	4.2310（Ⅱ）
	2	7.3251（Ⅲ）	7.7274（Ⅳ）	5.3382（Ⅲ）	7.3974（Ⅲ）	6.8557（Ⅲ）
	3	8.2946（Ⅳ）	8.3978（Ⅳ）	7.9264（Ⅳ）	7.7231（Ⅳ）	8.0579（Ⅳ）
	4	8.5629（Ⅳ）	7.4956（Ⅲ）	8.2273（Ⅳ）	8.7945（Ⅳ）	8.4031（Ⅳ）
NU	1	2.5135（Ⅱ）	5.8832（Ⅲ）	4.5826（Ⅱ）	2.6631（Ⅱ）	3.6100（Ⅱ）
	2	4.5405（Ⅱ）	7.5086（Ⅳ）	6.0224（Ⅲ）	5.2720（Ⅲ）	5.5838（Ⅲ）
	3	7.2865（Ⅲ）	8.4914（Ⅳ）	6.3013（Ⅲ）	6.7819（Ⅲ）	7.2501（Ⅲ）
	4	8.0270（Ⅳ）	7.7766（Ⅳ）	8.1198（Ⅳ）	7.4516（Ⅲ）	7.8571（Ⅳ）

6.5　本章小结

　　本章的研究目的是对 DI – LEIS 的原型实现建立可用性评价，从而指导系统开发的改进方向。首先，通过现有的系统可用性文献分析，总结了目前系统可用性评价常用的指标评价量表。通过与土地信息系统使用方面的专家组沟通，参照 DI – LEIS 可用性的具体适用性，应用德尔菲法，根据协调系数集中专家意见，建立了适用于 DI – LEIS 的可用性评价指标体系。其次，通过细化系统用户，构建了基于功能的用户相似性可用性评价模型，通过不同用户在功能使用过程中对指标重要性的度量，根据 Spearman 相关系数在一定阈值范围内确定用户的相似性权重，得到指标的权重，并构建原型系统的可用性评价模型，通过评价模型为下一个原型提供修正方向。最后，通过西安高新区的 DI – LEIS原型开发对可用性评价指标体系和评价模型进行实例验证，结果显示不同类型的用户在使用原型系统功能时能够较容易地测试出可用性的不足，通过评价的反馈原型系统修正后，提高系统可用性。

第 7 章

DI – LEIS 原型的设计与实现

从系统的结构入手，提出一个具有基本功能的系统框架，对各个部分的数据流和控制流的走向进行较为细致的分析，是系统实现的途径。DI – LEIS 是一个有机的整体，各个部分之间有着密切的关系，所有的算法都是为评价服务的，对算法来讲只有与系统各个模块紧密结合，才能充分发挥作用。因此需要一个整体的系统，将各种分析算法结合在一起，将数据收集、数据分析、系统评价连接成有机整体。本章利用 DI – LEIS 开发过程模型，将数据库技术、网络技术、动态语言技术结合在一起，设计并实现了 DI – LEIS 原型。

7.1　系统需求分析

根据 DI – LEIS 的开发过程模型，判断系统类型，本书构建的原型系统类型为：

$$S_i = A_{single} \oplus R_{Dynamic} \oplus SM_{i3} \oplus ST_{MIS} \qquad (7-1)$$

根据前面表 5 – 2 找出系统元素间的冲突及解决方法，与用户沟通后可以发现，以往应用的评价类型的信息系统，很多都将计算、处理、分析逻辑整合到程序的代码中，系统的扩展性不够好；在对指标的评价过程中，往往只能通过定义固定的数据后再进行计算，计算方法和数据的结合非常紧密，这样系统缺乏灵活性，在实际应用中如果评价方法发生变化，系统的流程也要发生变化，数据库的结构、代码结构都需要做出相应的变化，因此一个设计良好的系统，需要具有较高的灵活性来提高系统管理的便利性。

基于 Web 的 DI – LEIS，由于使用人员的特殊性，通常有访客、专家、数据维护人员、管理人员和决策者，因此在系统的设计中存在与其他信息系统的不同之处，对于不同的使用对象提供不同的功能接口。此外，由于系统的特殊性，需要处理问卷、指标和信息数据，因此系统的设计也要考虑灵活性的要求。系统面向用户提供的功能包含：（1）指标、指标体系的建立和配置；（2）计算方法根据不同的需求而发生变化；（3）数据的输入对于用户具有友好性；（4）能够对计算的结果进行输出；（5）具有灵活的用户角色分配功能。

7.2　系统应用环境与体系结构

DI－LEIS 采用 B/S 架构，其架构关系如图 7－1 所示：

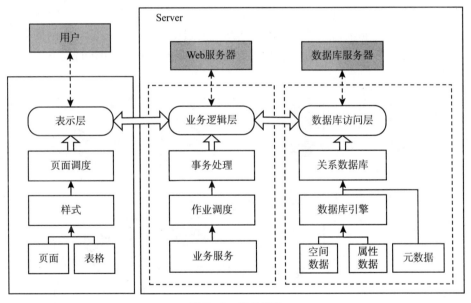

图 7－1　系统架构

在系统的设计中，服务器采用目前成熟的三层 MVC 架构模式，MVC 模式即模型（Model）—视图（View）—控制器（Controller）模式，模型负责处理数据库的事务，视图负责处理用户与系统交互的人机界面，控制器负责处理系统与用户之间的交互操作，也是链接视图和模型的桥梁。这种模式将数据处理、业务处理和用户交互分开，结构化的形式有利于系统的扩展性和易维护性。

　　系统的硬件主要由 Web 服务器和数据库服务器两个部分组成。数据库服务器中集成了空间数据库和信息数据库，数据库通过数据访问层这一结构对数据进行读写操作；数据访问层与业务逻辑层相互交互，通过事务处理、作业调度来处理从 Web 客户端传送过来的各种操作请求，将信息写入关系数据库中。Web 服务器负责处理业务逻辑层的操作，通过 Web 表示层中用户输入所产生的事务，通过系统的页面与用户交互，并提供负载均衡以及网络防火墙的功能，对于用户来说接触的是由页面和各种表格组成的功能模块。所有的业务通过表示层来作为与用户交互的媒介，通过页面的调度，各种数据、表格以一定的样式展现给终端用户。用户无需考虑平台的限制，在联网的计算机中对数据进行操作。

　　依据系统架构的设计，DI–LEIS 的体系结构如图 7–2 所示，系统通过防火墙与外部用户连接，在系统的内部网络中通过交换机和路由器将内网的用户和服务器隔离开来，Web 服务器与关系型数据库和空间数据库进行交互。

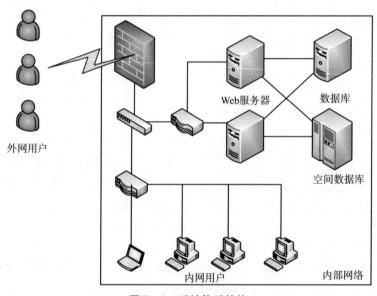

图 7–2　系统体系结构

7.3　系统功能模块与业务流程

7.3.1　系统模块设计

系统的模块设计如图 7 – 3 所示，各模块的功能如下：

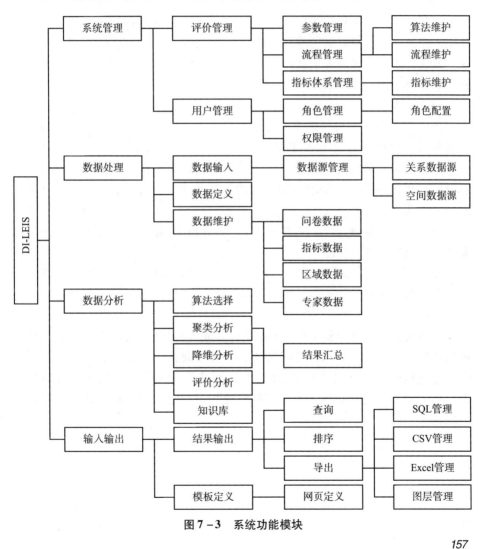

图 7 – 3　系统功能模块

（1）系统管理。

该模块实现对系统的基本管理，分为评价管理与用户管理。用户管理包括角色管理和权限管理，角色管理主要是角色配置的功能模块。在评价管理中实现的功能有三个方面：①参数管理。②流程管理。对系统算法和流程进行维护。③指标体系管理，主要对系统运行的一些基本参数进行调整和维护。

（2）数据处理。

该模块提供数据库的接口，主要包括数据输入、数据定义和数据维护。数据输入主要是对数据源的管理，能够对关系数据库和空间数据库的数据进行读和写操作。数据定义能够定义输入数据的类型和含义。数据维护通过管理问卷数据、指标数据、区域数据和专家数据而实现。

（3）数据分析。

该模块的作用是得到最终的土地集约利用评价结果，并为管理决策者提供各种数据分析的信息和决策的参考信息。数据分析模块主要包括算法选择、聚类分析、降维分析、评价分析和知识库。算法选择是指用户在分析数据时，可以依据用户的需求，将不同的算法和评价方法组合，最终得到对应的分析结果。

该模块提供聚酯分析、降维分析和评价分析的功能，实现了处理之后将结果进行汇总和梳理的功能。

知识库可以对信息进行加工、处理、总结之后形成自己的知识，成为下一次分析、概括的依据和基础，因此它始终处于不断上升、增长的状态。

（4）输入输出。

该模块主要提供面向用户的基本交互界面，具有结果输出和模块定义两方面的功能：①结果输出。对用户提供数据的查询、计算结果的排序和结果导出。导出的格式如 SQL、CSV、Excel 语句以及 GIS 的图层数据。②模板定义。能够对用户的数据输入界面进行管理维护，定义用户输入数据的条目和数据量。

7.3.2 系统业务流程

活动图是对系统的动态行为建模的另一种常用工具，它描述活动的顺序，展现从一个活动到另一个活动的控制流。活动图在本质上是一种流程图（Bastos and Ruiz，2002）。图 7－4 为系统的主要业务流程。认证用户、系统、数据库作为参与者，具有系统分析权限的用户能够对系统的数据指定操作，得出集约利用评价分析结果；系统与数据库交互，装载数据到系统内存进行计算，最后将结果返回前台用户页面，这就构成了一个完整的分析计算流程。此外，用户能够通过系统，对分析项目的基本数据进行管理和维护，对不同的评价方法、算法进行维护和管理，并将结果写入数据库中。

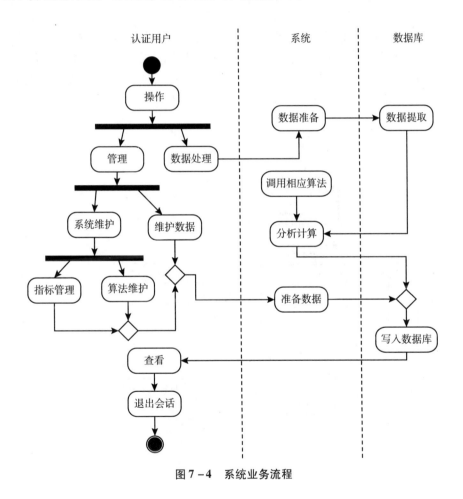

图 7－4　系统业务流程

7.4 系统关键技术

7.4.1 指标数据表的设计

系统设计的一个关键难点是如何设计一个动态的指标体系，能够随着用户的需求定义或不同的评价方法自动组合需要的指标。结合当前系统编程语言的动态特性和数据库的表间关系，实现了指标、公式、指标集的动态分配功能。其核心数据库结构如图7-5所示。

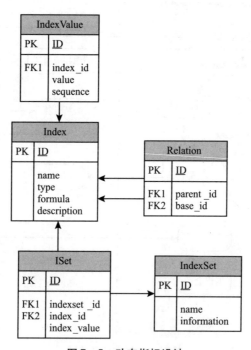

图7-5 动态指标设计

指标数据表 Index 与自身形成了多对多的引用，通过 Relation 中间表来记载父指标和子指标的信息。IndexValue 表中存储原始指标的数据。

在数据表的设计中，应用了 Ruby on Rails 框架的动态语言特性（Bachle and Kirchberg，2007），以及数据库的 ORM 技术（Bernus et al.，2006），能够在运行期对字符串进行解释执行。在指标数据表中，定义指标的计算公式 formula 字段，该字段为系统计算该条记录的算法，下面是 formula 中存储的计算简单权重的例子：

```
i1 * i2 + i3 * i4 + i5 * i6
```

通过调用 Eval 函数对该字符串解释执行，其中 $i_n/w_n(n = 1, \cdots, 3)$ 分别为 Index 表中 Name 字段值为 i_n 和 w_n 的记录。其实现的计算公式为：

$$\sum_{n=1}^{3} i_n \times w_n \qquad (7-2)$$

计算的结果保存在 ISet 表中。在 ISet 表中，具有同样外键引用指标集 IndexSet 中主键的所有指标便能够构成一套指标集合。

7.4.2 算法数据表的设计

算法的灵活组合也是系统设计和实现的目标，动态算法实现如图 7 - 6 所示。通过建立流程表和算法表，两者实现多对多的映射关系，这样可以实现不同的流程由不同的算法组成。系统以流程为主，一次评价过程为一个流程，流程由算法组成，两者的关系通过 PA 表进行关联，PA 表中的 Order 字段存储了算法的先后次序。

在代码设计中，Algorithm 作为接口，如图 7 - 7 所示，系统开发人员通过具体的算法实现这个模块，通过重载 caculate 等方法实现算法的扩展。通过读写数据库中 Algorithm 的 method 字段使用 get_method 和 set_method 方法，实现对算法的动态配置。

7.4.3 用户权限管理设计

由于系统的使用对象包括专家、数据维护人员、评价人员、决策者等，因此在设计评价信息系统的时候，需要对系统的使用对象进行权限的分配和限制，不同人员能够接触到的系统功能模块是不同的。此外，考虑角色系统的灵活性，因此设计数据表的原则也以多对多关系为主，以满足基于角色的访问控制（Role – Based Access Control，RBAC）的要求（Zhang et al.，2003）。在RBAC中权限与角色相关联，用户通过分配适当角色而得到这些角色的权限，极大地简化了权限的管理。用户相关的表结构设计如图 7 – 8 所示，主要的对象分为用户（User）、角色（Role）、权限（Access）、资源（Operation）四个对象。角色是部分权限的集合。权限是某一个角色能够访问的资源限制。为了能提供更为细粒度的访问控制，设计的资源包括系统所有的页面、数据模型和操作资源。

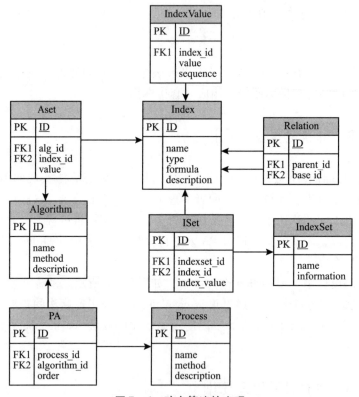

图 7 – 6　动态算法的实现

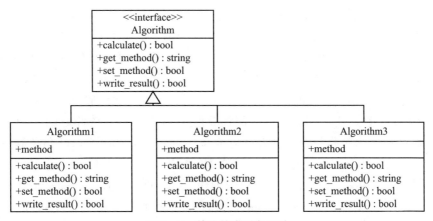

图 7 - 7 算法的类对象设计

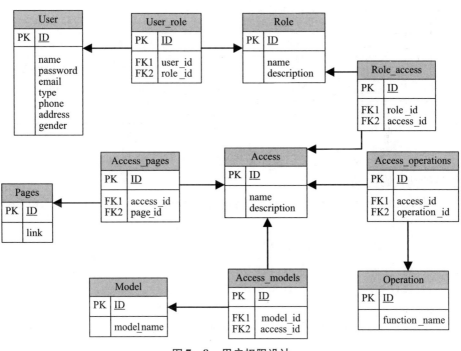

图 7 - 8 用户权限设计

用户与角色、角色与权限、权限与不同的资源都是多对多关系。因此，用户可以被分配不同的角色，例如用户可以是管理员，同时还具有数据维护人员的权限。不同的角色可以包括不同的访问权限，根据不同的权限能够访问不同的资源。

表7-1为用户权限的分配实例，其中用户 A 具有系统管理员角色，所有的资源都能够访问（All）；用户 B 具有两个角色，一个是普通的用户角色（Normal），另一个是数据维护人员角色（Maintain），对应 Normal 角色其权限是基本权限（Basic），能够访问的资源是：查看页面（View Pages）、访问用户数据表（Use Models），以及对用户的创建/查询/更新操作（create/update/select）；用户 C 对应的是访客（Guest）角色，只拥有最小权限（Minimal），只能查看页面资源，对用户只有查询操作权限（Select）。

表7-1　　　　　　　　　　　　用户权限实例

User	Role	Access	Pages	Models	Operations
A	Admin	All	All	All	All
B	Normal	Basic	View	User	create/update/select
B	Maintain	Data	Data	Indicator	All
C	Guest	Minimal	View	User	select

当用户向服务器发送任何操作请求时，服务器端都会执行一段代码，服务器端的伪代码实现如下：

```
if current_user.login? and current_user.has_access?
(Page.url)
    redirect_to (Page.url)
else
    redirect_to (Page.AccessFailed.url)
end
```

代码的作用在于系统会在数据库中查询用户所属的角色，根据角色再去查找角色所包含的权限，然后根据权限判断访问的资源是否在权限所包含的范围内，如果查询不到相关信息，则页面跳转到权限提示页面告知用户无法访问该资源。

7.5　原型系统界面与运行

本章的土地评价原型系统以前面各章理论与研究结论为指导，结合本书第 5 章 5.3 节中的 DI – LEIS 开发过程模型，应用了 Html、JavaScript、Ajax 等相关技术，在 Web 框架上采用 Ruby On Rails 技术，使用 Ruby 语言作为系统的实现语言，使用 MySQL 作为后台数据库，构建了开发区土地集约利用评价系统原型。

系统的登录界面与用户管理界面如图 7 – 9 所示，登录界面为外部用户提供了开放注册的入口。系统的权限设计保证了用户能够以不同的角色和权限访问，图 7 – 9 为系统的用户管理界面，新注册的用户必须要通过管理员进行认证之后才能浏览系统的特定资源，系统也能够记录访问用户的 IP 地址，保障系统的安全性。

对土地集约利用进行系统评价通常是由不同的流程组成，每一个流程都可以由若干算法构成，不同的流程可以进行组合，最终实现评价模型。图 7 – 10 为流程创建界面，在这个功能页面中，用户可以自定义系统的计算流程，页面提供了流程类型和流程类别的关联。流程类别分为评价流程和数据处理流程，流程类型分为一般流程和复合流程。

算法定义页面如图 7 – 11 所示，用户可以自定义指标计算的算法，并且将此算法和流程关联，使算法可以从属于某个流程。算法的公式与数据库中的指标名相关联，运算符号与 Ruby 语言中的对应的计算语法相同，借助该语言的动态特性可以实现更加灵活的配置。

图 7 – 12 为指标的管理页面，用户通过输入指标的相关信息建立指标体系，同时也能够将新建的指标关联到父指标上，将指标和指标集相关联。指标在系统中是数据的概念，可以作为输入的数据，也可以作为问卷的结果数据，指标通过系统可以结合在一起成为指标集，指标可以存在于不同的指标集合中，便于重复利用。

图 7 – 13 为系统的数据输入功能之一，系统能够根据某一指标集的数据，自动生成相对应的调查问卷和页面，能够以网页的形式提供给用户进行问卷调查，并能够将问卷调查结果做出相应的转换输入数据库中。

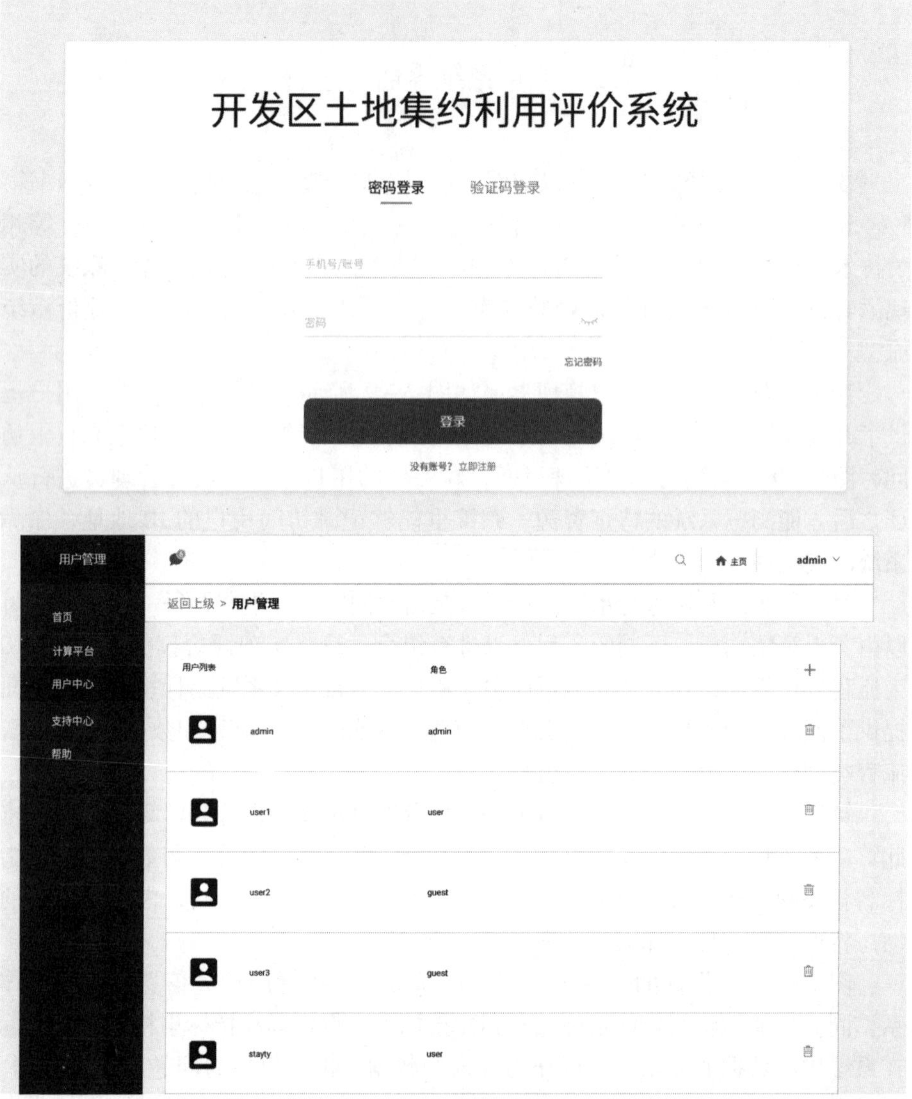

图7－9　系统登录及用户管理界面

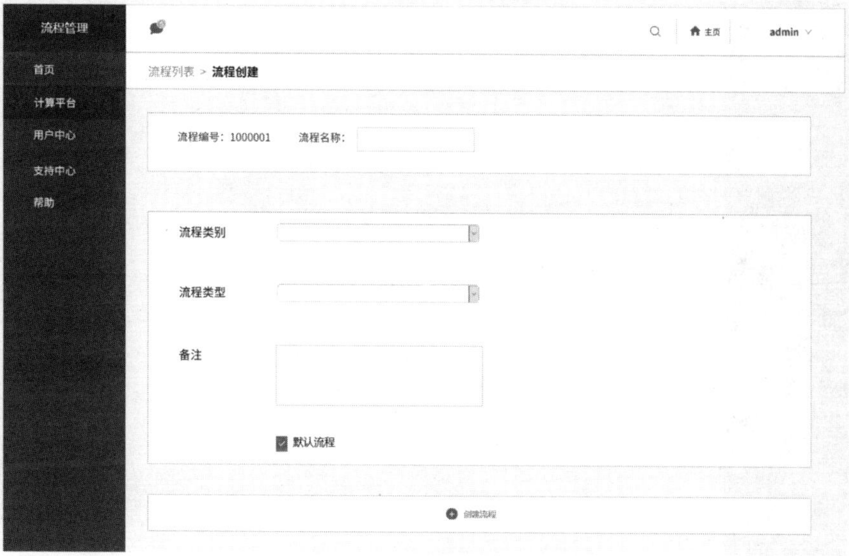

图 7－10　流程创建界面

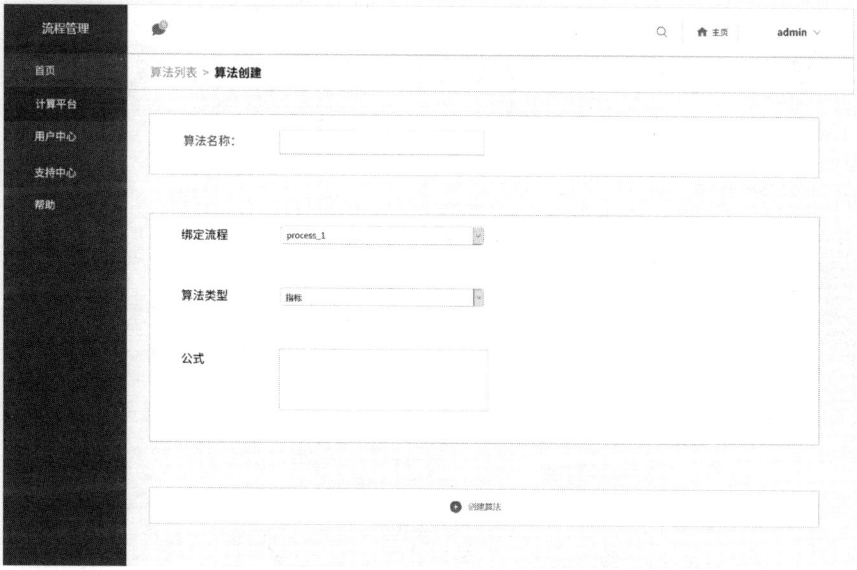

图 7－11　算法定义界面

图 7 – 12　指标定义界面

图 7 – 13　问卷输入界面

系统提供了对输入数据的管理界面, 用户可以根据需求, 对输入的数据进行调整和修正。输入数据管理界面如图 7 – 14 所示。

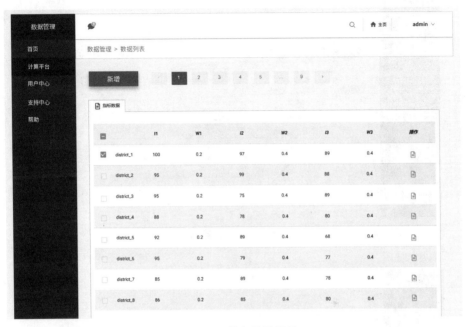

图 7 – 14　输入数据管理

无论是在系统原型开发过程中还是系统需求发生变化后, 都需要对系统可用性进行评价, 图 7 – 15 为系统可用性评价流程的计算结果, 通过相应的指标和指标集关联、算法和流程关联, 对每一层的指标进行打分, 输入系统的数据库中, 得到各层各指标的权重以及原型系统的得分及评价级别计算结果。

开发区土地集约利用评价通过选择算法、指标集和流程, 手动输入或选择不同形式导入所需数据, 得到评价结果如图 7 – 16 所示。通过不同的评价时间选择, 可以查看对应的评价结果, 通过导出设置可以导出土地集约利用评价报告。

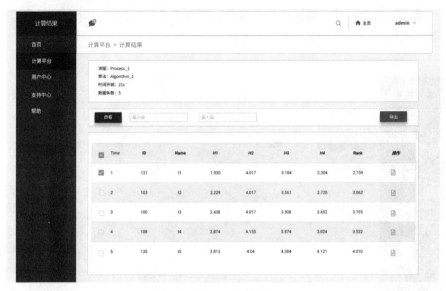

图 7 – 15　可用性计算结果显示

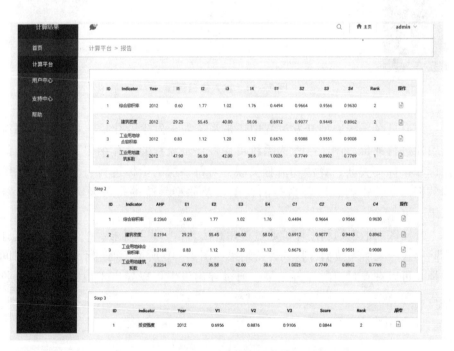

图 7 – 16　开发区土地集约利用评价结果显示

7.6　系统特点

DI - LEIS 旨在支持开发区土地集约利用评价以及对评价结果的有效管理，从而达到更加科学、合理的评价，增加评价的可操作性，并为开发区管理者提供决策支持。该系统具有以下几个方面的特点：

（1）系统采用了基于 MVC 的分层模式。这种模式很好地适应了系统负载变化快、数据量大的特点，通过分层的结构，实现了动态的负载均衡，不仅能够满足计算、分析、处理大量系统资源的要求，同时又能很好地解决今后可能出现变更的问题，提高系统的健壮性和扩展性。

（2）支持指标和指标集合的动态配置，能够根据需求增加和修改需要的指标，指标结构的设计比较灵活，通过分级的设计能够实现指标的层次化。指标在系统中作为数据的载体，不仅存储基本的输入数据，还存储指标及问卷相关的数据。

（3）算法流程的动态配置，流程由不同的算法组成，算法通过配置的公式对指标进行管理运算。算法可以被不同的流程所调用，以实现最大的灵活性。利用动态语言的特性，对算法中存储的公式实时地解释和运算，能够从 Web 页面端对系统运行计算和管理。

（4）结合可用性的分析，在系统的开发过程中，对系统的开发状态和开发效果进行跟踪与管理，使系统具有较好的用户友好度，也弥补了信息系统在实施过程中系统的切换对用户的使用积极性产生的负面影响。系统的分析处理结果能够方便地导出为易于分析和处理的文件，分析结果的显示也能够为管理人员的决策提供必要的参考。

7.7　本 章 小 结

本章对 DI - LEIS 的应用环境、体系结构、功能模块以及业务流程进行了相关的研究和设计，并对系统的关键技术做了相应的设计，实现了基于 Web 的 DI - LEIS 原型系统，系统实现了自定义的计算流程、动态的指标和算法实现，实现了在线专家问卷填写、系统可用性评价以及开发区土地集约利用评价，系统具有较好的可扩展性。

第 8 章

结论与展望

8.1 本书主要结论

开发区在长期的发展过程中存在重规模轻效率、重扩张轻挖潜等问题，需要通过开展开发区土地集约利用评价，引导开发区改变外延扩张、粗放式用地的局面。《评价规程》作为各地开展开发区土地集约利用评价遵循的技术规范，在实践和研究领域都取得了一定的效果，但在指标和评价方法方面还存在一些缺陷和不足。

本书在广泛研究相关参考文献和国内外相关研究成果的基础上，采用理论研究和应用研究相结合的方法，从开发区土地集约利用评价指标体系、评价模型、系统开发模型、系统开发过程可用性评价模型和原型系统设计与实现等方面进行了系统的研究。主要工作及创新点包括以下几个方面：

（1）分析了开发区土地集约利用评价的现状和相关理论基础，对本书中的开发区以及土地集约利用的概念进行了定义，对相关的土地集约利用基础理论做出针对开发区的剖析，分析了影响开发区土地集约利用的影响因素及各因素之间的关系；分析了现行《评价规程》的不足，结合一定时期内的相关文献对指标进行频度分析，建立了初步的指标体系；利用因子分析、主成分分析以及项目反应理论，构建了基于项目反应理论的指标选择模型对指标体系进行筛选，建立了开发区土地集约利用评价指标体系。

该部分工作通过描述性分析、多元分析以及项目反应理论进行了指标筛选，从专家的心理层面对专家的问卷及专家自身进行分析，建立的指标体系解决了现行评价指标体系中缺少自然环境因素、缺少动态变化分析以及忽视类型差异等问题，使指标体系具有动态性和完整性。

（2）分析了现行的评价模型，通过多维标度分析对专家意见进行倾向区分，提出了评价模型的专家挑选方法；构建了矩阵排序算法模型和基于和积法的判断矩阵试探算法模型来解决层次分析法中判断矩阵一致性；构建了开发区土地集约利用评价模型。

该部分工作解决了现行评价模型在实际评价过程中评价方法或参照评价标准的多意性、理想值的确定差异性大以及评价无法横纵向比较的问题。

（3）分析了土地评价、土地信息管理与土地评价信息系统之间的关系，构建出其关系模型；构建了土地评价信息系统类型概要模型。运用设计建模公理化理论和基于环境的设计方法，构建了土地评价信息系统中主要元素的关系模型；构建了通用的土地评价信息系统开发过程模型；运用土地评价信息系统开发过程模型，提出 DI－LEIS 开发过程中的冲突、冲突解决方式，构建了 DI－LEIS 开发过程模型。

该部分工作解决了开发区土地集约利用评价建立的信息系统均是使用特定的信息技术和系统分析、只针对特定的开发区实现其目标功能以及没有开发区通用的土地集约利用评价信息系统分析方法和开发过程模型的问题。

（4）分析了系统可用性的相关研究文献，归纳了目前系统可用性评价的常用指标评价量表；分析了 DI－LEIS 可用性的具体适用性，建立了适用于 DI－LEIS 的可用性评价指标体系；通过细化系统用户在功能使用过程中对指标重要性的度量，根据 Spearman 相关系数在一定阈值范围内确定用户的相似性权重，构建了基于功能的用户相似性可用性评价模型。

该部分工作解决了在系统原型开发过程中缺少评价和反馈的问题，对 DI－LEIS 的评价更有指导性，达到了降低开发过程中系统的偏差和风险的目的。

（5）通过对 DI－LEIS 的应用环境、体系结构、功能模块、业务流程进行相关的研究和设计，以及对系统关键技术进行设计，实现了基于 Web 的 DI－LEIS 原型系统，系统将数据收集、数据分析、系统评价连接成有机整体，结合数据库技术、网络技术、动态语言技术，实现了自定义的系统计算流程、动态的评价指标体系和评价模型算法，实现了与之对应的在线专家问卷填写与系统可用性评价。

该部分工作解决了如何应用信息系统提高评价效率、简化评价流程、降低评价人员的工作量的问题，能够全面地利用评价中的数据进行深入研究。

8.2 未来工作展望

开发区的土地集约利用评价与信息系统实现涉及很多领域的理论与技术支持。本书对指标体系、评价模型以及信息系统进行了相关研究。然而开发区土地集约利用所涉及的问题和关键技术还有很多，限于时间和篇幅，本书只在这方面做出了一定的尝试和探索，从研究的深度和广度来看，仍有大量工作尚未完成，后续工作将在以下几个方面展开：

（1）开发区的土地资源分配和土地利用效益是随着社会经济因素和自然因素的变化而不断变化的，土地集约利用评价也是基于社会发展的自然生态和经济现状不断变化的动态过程，后续工作将着重于找出评价指标变化与经济、自然等因素的关系以及其发展的动态趋势；分析评价指标和评价模型的变化过程，将变化的指标、算法、问卷相关的内容应用到更新的系统中去。

（2）随着指标、算法的更改和系统的不断升级，对 DI – LEIS 中的专家问卷进行分析，可以汇聚土地工作经验丰富、项目反应较好的专家，后续建立土地集约利用专家库；对指标数据以及指标信息进行分析，也可以进行相应的数据积累，这为后续的数据挖掘提供了数据基础。

（3）本书所设计的模型在进行系统实现时进行了部分简化，例如：对知识管理等功能尚未涉及；在基于 WEB 的数据输入时，可以采取更加直观、友好的输入方式和输入提示；有必要在以后的工作中结合更多的数据、指标和评价方法，针对以上内容对原型系统功能进行完善和扩展，并对本书的研究成果进行更深入的验证。

附　录

附录1：开发区土地集约利用指标重要性评价的调查问卷

一、调查说明

本次调查的目的在于通过研究影响开发区土地集约利用的因素，制定相关的评判指标与标准，衡量各指标的重要性程度。开发区土地集约利用的概念是：以合理布局、优化用地结构和可持续发展的思想为依据，通过增加存量土地投入、改善经营管理等途径，不断提高土地的使用效率和经济效益，本次问卷中的开发区主要指经济技术开发区以及高新技术开发区。

我们郑重承诺将对所有参与调研的个人/组织的数据保密，并且绝不会将其用于商业用途。您的积极参与是我们研究工作获得突破的源泉，请认真作答，在问卷中反映您真实的看法，对于您的真诚合作致以最衷心的感谢！

二、基础信息

问卷编号			填表日期			
您的从业年限			E - mail			
您的单位和部门			联系电话			
是否参加过土地定级工作	参加过两次以上（ ）		参加过两次（ ）	参加过一次（ ）		没参加过（ ）
您的学历	研究生以上（ ）	本科（ ）	大专（ ）	高中或中专（ ）		其他（ ）
您的职称级别	正高级（ ）	高级（ ）	中级（ ）	初级（ ）		其他（ ）
您的职务级别	处级以上（ ）　处级（ ）	副处级（ ）	科级（ ）	副科级（ ）　一般人员（ ）		其他（ ）
您的计算机水平	掌握计算机语言（ ）	熟悉（ ）	会基本使用（ ）	不会使用（ ）		
您对信息系统使用的熟练程度	熟练使用（ ）	一般使用（ ）	简单使用（ ）	不会使用（ ）		
您使用信息系统的频率	经常使用（ ）	平常使用（ ）	不常使用（ ）	不用（ ）		

三、问题部分

下表中，左边为评价指标体系，中间为指标的描述，请在右边对各因素的重要性程度予以标识，（请在符合的选项上划"√"）

重要程度与数字的对应分别为：1－完全不重要、2－不重要、3－不太重要、4－重要、5－非常重要。

1. 土地利用状况因素

指标项	描述	重要性				
土地开发率	实际建设土地面积与开发区土地面积之比	1	2	3	4	5
土地供应率	已供应国有建设用地面积与已达到供地条件的土地面积之比	1	2	3	4	5
土地建成率	已建成城镇建设用地面积与开发区已供应国有建设面积之比	1	2	3	4	5
土地闲置率	闲置土地面积与开发区土地面积之比	1	2	3	4	5
工业用地率	工业用地面积总和与开发区已建成城镇建设用地面积之比	1	2	3	4	5
高新技术产业用地率	开发区高新技术产业用地面积与开发区已建成城镇建设用地面积之比	1	2	3	4	5
住宅用地率	住宅用地面积与开发区已建成城镇建设用地面积之比	1	2	3	4	5
基础设施用地率	开发区基础设施用地面积与开发区已建成城镇建设用地面积之比	1	2	3	4	5
商服用地率	开发区商服用地面积与开发区已建成城镇建设用地面积之比	1	2	3	4	5
道路用地率	开发区道路用地面积与开发区已建成城镇建设用地面积之比	1	2	3	4	5
工业地价水平	报告期开发区比较地价水平与基准地价水平之比	1	2	3	4	5
综合容积率	已建成城镇建设用地上的总建筑面积与已建成城镇建设用地面积的比值	1	2	3	4	5
建筑密度	已建成城镇建设用地内的建筑基底总面积与已建成城镇建设用地面积的比值	1	2	3	4	5

指标项	描述	重要性				
工业用地综合容积率	已建成城镇建设用地内的工矿仓储用地上的总建筑面积与工矿仓储用地面积之比	1	2	3	4	5
工业用地建筑系数	已建成城镇建设用地内的工矿仓储用地上的建筑物构筑物基底面积与工矿仓储用地面积之比	1	2	3	4	5
比较容积率	综合容积率与开发区所在城市容积率的比值	1	2	3	4	5

2. 经济因素

指标项	描述	重要性				
工业用地固定资产投入强度	工业企业累计固定资产投资总额与工矿仓储用地面积之比（万元/公顷）	1	2	3	4	5
地均固定资产投入强度	开发区固定资产投资额与开发区已建成城镇建设用地面积之比（万元/公顷）	1	2	3	4	5
地均合同外资金额	合同外资金额与开发区已建成城镇建设用地面积之比（万元/公顷）	1	2	3	4	5
环保投资比例	环保投资金额与累计固定资产投资总额之比	1	2	3	4	5
研发占投资比例	研发经费与累计固定资产投资总额之比	1	2	3	4	5
地均基础设施投入	开发区基础设施投入金额与已建成城镇建设用地面积的比值（万元/公顷）	1	2	3	4	5
地均高新技术产业投入强度	高新技术产业累计资产投入总额与开发区已建成城镇建设用地面积之比（万元/公顷）	1	2	3	4	5
工业用地产出强度	工业企业总收入与工矿仓储用地面积之比（万元/公顷）	1	2	3	4	5
孵化成功率	孵化成功企业数与孵化企业总数的比值	1	2	3	4	5
地均外贸出口额度	外贸出口总额与已建成城镇建设用地面积的比值（万元/公顷）	1	2	3	4	5
地均利税收入	利税总额与已建成城镇建设用地面积的比值（万元/公顷）	1	2	3	4	5
高新技术产业产出强度	高新技术产业总收入与高新技术产业用地面积之比（万元/公顷）	1	2	3	4	5

指标项	描述	重要性				
工业用地比较效益	工业用地单位面积总收入与所在城市工业用地面积单位面积产值之比	1	2	3	4	5
地均工业增加值	工业增加值与已建成城镇建设用地面积的比值（万元/公顷）	1	2	3	4	5
地均工业用地利税	工业企业利税与工矿仓储用地面积之比（万元/公顷）	1	2	3	4	5
地均产值	开发区产值金额与已建成城镇建设用地面积的比值（万元/公顷）	1	2	3	4	5
工业产值增长弹性系数	开发区工业产值增长百分比与开发区建设用地增长百分比之比	1	2	3	4	5
建设用地年增长率	开发区在评价基期内建设用地增长面积与原建设面积的比值	1	2	3	4	5
固定资产投入增长弹性指数	开发区固定资产投资增长百分比与开发区建设用地增长百分比之比	1	2	3	4	5
工业地价增长弹性指数	开发区工业地价增长百分比与开发区建设用地增长百分比之比	1	2	3	4	5

3. 可持续发展因素

指标项	描述	重要性				
专业技术人员比重	开发区专业技术人员与开发区劳动力人数的比值	1	2	3	4	5
地均吸纳劳动力人数	劳动力人数与已建成城镇建设用地面积的比值（人/公顷）	1	2	3	4	5
人口密度	开发区居住人口与已建成城镇建设用地面积的比值（人/公顷）	1	2	3	4	5
人均工资收入水平	劳动力年薪与劳动力人数的比值（万元/年）	1	2	3	4	5
人均道路广场面积	道路广场面积与开发区居住人口的比值（公顷/人）	1	2	3	4	5

指标项	描述	重要性				
人均建设用地	已建成城镇建设用地面积与开发区居住人口的比值（公顷/人）	1	2	3	4	5
地均企业数	企业数量已建成城镇建设用地面积的比值（个/公顷）	1	2	3	4	5
人均绿地面积	绿地面积与开发区居住人口的比值（公顷/人）	1	2	3	4	5
绿地率	绿地面积与已建成城镇建设用地面积的比值	1	2	3	4	5
万元产值能耗	开发区在评价基期内生产出来的价值一万元的产品所消耗的能源（吨标准煤/万元）	1	2	3	4	5
空气污染指数	将常规监测的几种空气污染物浓度简化成为单一的概念性指数数值形式，并分级表征空气污染程度和空气质量状况	1	2	3	4	5
工业三废排放达标率	开发区工业三废排放达标量与工业三废排放总量比值	1	2	3	4	5
环境噪声污染指数	开发区平均等效声级与基准值的比值与噪声污染等级进行对比，得出污染的程度或级别	1	2	3	4	5

4. 管理因素

指标项	描述	重要性				
闲置土地处置率	已处置的闲置土地面积与累计闲置土地面积之比	1	2	3	4	5
到期项目处置率	累计有偿使用且已到期并已处置土地面积与累计有偿使用且已到期土地面积之比	1	2	3	4	5
土地有偿使用实现率	累计实际有偿使用土地与累计应有偿使用土地面积之比	1	2	3	4	5
土地招拍挂实现率	累计实际招拍挂方式出让的土地与累计应招拍挂土地面积之比	1	2	3	4	5

附录2：系统可用性评价指标体系的调查问卷

一、调查说明

本次调查的目的在于通过研究影响土地评价信息系统可用性的因素，制定系统可用性评价指标体系，对系统的可用性实现动态评价，在面对外部环境变化和用户需求变化时，及时响应用户需求、发现问题，帮助系统快速开发、减少损失。系统可用性的概念是：用户可以轻而易举的学会操作，准备输入和解释输出，在特定的境况中，有效、高效并且满意地达成特定目标的程度。本次问卷中的系统可用性评价指标体系主要是针对开发区土地集约利用评价信息系统。

您的积极参与是我们研究工作获得突破的源泉，请认真作答，在问卷中反映您真实的看法，对于您的真诚合作致以最衷心的感谢！

二、问题部分

下表为开发区土地评价信息系统可用性评价指标体系，经过统计分析后共得到24项指标，请在右边选择对应指标的重要性程度（在对应的选项上打√）。同时，若您认为还有需要补充的指标，请在表后填上。

重要程度与数字的对应分别为：很重要（5分），重要（4分），一般重要（3分），不太重要（2分），不重要（1分）。

系统可用性	指标	重要性				
操作性 反映用户能够有效使用系统的能力	导航便利性	1	2	3	4	5
	输入方式	1	2	3	4	5
	输入项的数量	1	2	3	4	5
	错误处理	1	2	3	4	5
	输入信息修改的方便性	1	2	3	4	5
	页面跳转方式	1	2	3	4	5
	页面数量	1	2	3	4	5

系统可用性	指标	重要性				
响应程度 反映系统的执行效率，能够减少用户的等待时间	程序开始和结束的时间	1	2	3	4	5
	对输入的响应时间	1	2	3	4	5
	页面加载的时间	1	2	3	4	5
	对检索的响应时间	1	2	3	4	5
学习性 反映系统对用户的友好程度，用户能够很好地进入工作状态	易操作性页面导航合理	1	2	3	4	5
	用户手册清晰	1	2	3	4	5
	页面操作提示合理	1	2	3	4	5
	帮助功能齐全	1	2	3	4	5
	出错信息有用	1	2	3	4	5
易读性 反映系统界面设计的合理性	各元素安排合理	1	2	3	4	5
	颜色	1	2	3	4	5
	字体大小	1	2	3	4	5
	对信息内容的解释	1	2	3	4	5
	页面样式统一	1	2	3	4	5
	重要信息突出	1	2	3	4	5
	不同类型信息区分	1	2	3	4	5
	输入信息的位置和格式	1	2	3	4	5

参 考 文 献

[1] 曹蕾，梁启学，李陶，莫燕. 工业园区土地集约利用评价探讨——以重庆经济技术开发区为例 [J]. 资源开发与市场，2009，25（1）：31－33.

[2] 曹蕾，钟菲，章明. 重庆市开发区土地集约利用评价研究 [J]. 江西农业学报 2013，25（2）：123－125.

[3] 陈宏斐，陈竹安，张立亭. 基于数据流的土地适宜性评价系统设计 [J]. 水土保持研究，2010，17（2）：208－211.

[4] 陈静. 基于 PSR 模型的开发区土地集约利用评价体系研究 [D]. 西安：长安大学，2011.

[5] 陈伟，曹春艳，吴群. 基于 DEA 方法的江苏省开发区土地集约利用效率分析 [J]. 国土资源科技管理，2010，27（6）：85－92.

[6] 陈逸，黄贤金，陈志刚，吴晓洁，郭燕浩. 城市化进程中的开发区土地集约利用研究——以苏州高新区为例 [J]. 中国土地科学，2008（6）：11－16.

[7] 成楠，梅昀. 武汉经济技术开发区土地集约利用评价研究 [J]. 国土资源科技管理，2010，27（2）：24－30.

[8] 程时伟，石元伍，孙守迁. 移动计算用户界面可用性评估的眼动方法 [J]. 电子学报，2009，37（4A）：146－150.

[9] 戴峰. 开发区土地集约利用效率研究 [D]. 武汉：华东师范大学，2011.

[10] 董光龙，苏航，郑新奇，刘润润，薛景丽. 非高新开发区土地集约利用评价指标体系 SEM 分析 [J]. 中国土地科学，2012，26（9）：35－40.

[11] 董黎明，袁利平. 集约利用土地－21 世纪中国城市土地利用的重大方向 [J]. 中国土地科学，2000，14（5）：6－8.

[12] 范文瑜，张荣群，朱道林等. 基于 GIS 的村镇建设用地节地效果评价系统 [J]. 计算机工程与设计，2011，32（10）：3526－3529.

[13] 范英莉，李克龙，王圣君，余素勋.浅谈开发区土地集约利用评价指标体系 [J].国土与自然资源研究，2012 (2)：22-24.

[14] 冯仁德，汪景宽，谷永辉，丁锐，任家强.辽宁省省级开发区土地评价指标体系与理想值确定研究 [J].价值工程，2011，30 (10)：187-188.

[15] 付栎臻.基于 TOPSIS 法的开发区土地集约利用评价模型 [J].江西科学，2011，29 (4)：514-520.

[16] 甘利人，许应楠.企业信息系统用户接受行为影响因素研究——以 ERP 系统为例 [J].现代图书情报技术，2009 (2)：71-77.

[17] 龚奇.安徽省级开发区土地集约利用评价改进研究 [D].合肥：安徽农业大学，2011.

[18] 谷家川，查良松.基于 GIS 的泗县开发区土地集约利用评价研究 [J].资源开发与市场，2011，27 (11)：998-1001.

[19] 顾湘.上海市开发区土地集约利用评价研究 [J].湖北农业科学，2012，51 (7)：1323-1327.

[20] 郭海洋，伍世代，曾月娥，郑行洋.福清市国家级开发区土地集约利用评价对比研究 [J].湖南农业科学，2012 (21)：51-53.

[21] 何芳，吴正训.国内外城市土地集约利用研究综述与分析 [J].国土经济，2002，35 (3)：35-37.

[22] 何瑞东.开发区土地集约利用评价方法研究——以兰州高新技术开发区为例 [J].甘肃科技，2007，23 (8)：85-86.

[23] 贺力.企业信息系统用户界面对于用户行为的影响分析 [D].南京：南京理工大学，2010.

[24] 贺敏.江苏省后发城市的开发区土地可持续利用评价研究 [D].南京：南京农业大学，2011.

[25] 胡祖梁，龚奇.省级开发区土地集约利用评价改进研究 [J].国土资源科技管理，2012，29 (1)：39-45.

[26] 黄微，毕胜男，贾春华.网站系统综合测评方法的研究 [J].情报科学，2003 (8)：852-856.

[27] 江立武.开发区土地集约利用动态评价及潜力预测研究 [D].南京：南京农业大学，2011.

[28] 李海玲.开发区土地集约利用评价指标体系及理想值确定存在问题及改进研究 [D].杭州：浙江大学，2010.

[29] 李红. 我国开发区布局及土地利用现状分析与研究 [J]. 中国土地科学, 1998, 12 (3): 9-12.

[30] 李宏汀, 桑松玲, 葛列众. 网页可用性评估的 CWW (网页认知走查法) 研究概况 [J]. 人类工效学, 2009, 15 (2): 60-63.

[31] 李焕, 徐建春, 李翠珍, 徐知渊, 范晓娟. 基于 BP 人工神经网络的开发区土地集约利用评价——以浙江省为例 [J]. 地域研究与发展, 2011, 30 (4): 122-125.

[32] 李兰. 吉首经济开发区土地集约利用评价研究 [D]. 长沙: 湖南农业大学, 2010.

[33] 李森. 困境和出路-转型期中国开发区发展研究 [M]. 北京: 中国财政经济出版社, 2008.

[34] 李淑杰, 宋丹, 刘兆顺, 窦森. 开发区土地集约利用的区域效应分析——以吉林省中部开发区为例 [J]. 中国人口资源与环境, 2012, 22 (1): 117-122.

[35] 李双异, 邵永东, 张晓东, 吴刚, 谢量雄, 汪景宽. 辽宁省工业开发区土地集约利用评价指标体系研究 [J]. 国土资源科技管理, 2008 (5): 43-46.

[36] 李天煜, 王红梅. 基于物元模型的开发区土地集约利用评价研究——以广东省梅州市开发区为例 [C]. 2009 年中国土地学会学术年会论文集, 扬州, 2009: 754-758.

[37] 李团胜, 赵丹, 石玉琼. 基于土地评价与立地评估的泾阳县耕地定级 [J]. 农业工程学报, 2010, 26 (5): 324-328.

[38] 李文梅, 陈松林. 基于主成分分析法的福州开发区土地集约利用研究 [J]. 云南地理环境研究, 2009, 21 (6): 46-51.

[39] 李秀彬, 朱会义, 谈明洪, 辛良杰. 土地利用集约度的测度方法 [J]. 地理科学进展, 2008, 27 (6): 13-19.

[40] 李永峰, 朱丽萍. 基于模糊层次分析法的产品可用性评价方法 [J]. 机械工程学报, 2012, 48 (14): 183-190.

[41] 厉无畏, 王振. 中国开发区的理论与实践 [M]. 上海: 上海财经大学出版社, 2004 年.

[42] 梁建华, 李学庆, 荣风光, 周霆. 网站可用性评估模型研究 [A]. 清华大学计算机科学与技术系、浙江大学计算机科学与技术学院. 第二届和谐

人机环境联合学术会议（HHME2006）——第2届中国人机交互学术会议（CHCI'06）论文集 [C]. 清华大学计算机科学与技术系、浙江大学计算机科学与技术学院：中国计算机学会多媒体技术专业委员会，2006：7.

[43] 刘爱华. 高校图书馆网站可用性评价研究 [J]. 图书馆学研究，2008（2）：36-38，44.

[44] 刘殿锋，刘耀林，洪晓峰.3S村镇退化土地监测与评价系统设计与实现 [J]. 测绘科学，2011，36（2）：213-215.

[45] 刘吉伟. 开发区土地集约利用评价研究 [D]. 郑州：河南大学，2009.

[46] 刘庆清，李婉媚，贺三维. 基于模糊综合评定法的开发区土地集约评价 [J]. 测绘信息与工程，2010，35（3）：26-28.

[47] 刘增，陈炳发. 以用户为中心的网站可用性设计和评估 [J]. 中国制造业信息化，2009，38（5）：63-66.

[48] 卢新海，刘俞成. 基于因子分析的开发区土地集约利用评价——以广西为例 [J]. 广西社会科学，2012，12：26-29.

[49] 吕俊仪. 我国开发区土地集约利用评价方法研究 [D]. 天津：天津师范大学，2008.

[50] 吕立刚，石培基，潘竟虎等. 基于AHP和特尔斐方法的工业园区土地集约利用评价——以甘肃西峰工业园区为例 [J]. 资源与产业，2010，12（1）：64-69.

[51] 麻海峰. 基于Smart Growth的开发区土地集约利用评价研究 [D]. 西安：长安大学，2010.

[52] 马璐. 基于循环经济的开发区土地集约利用评价研究 [D]. 西安：长安大学，2011.

[53] 梅昀，张艳. 武汉江夏经济技术开发区土地集约利用评价研究 [J]. 国土资源科技管理，2010，27（4）：42-46.

[54] 密长林，张再生. 基于因子分析法的工业园区土地集约利用评价——以临沂市域省级开发区为例 [J]. 山东国土资源，2011，27（6）：31-35.

[55] 缪凯. 开发区集团公司发展模式研究 [D]. 长沙：中南大学，2001.

[56] 倪贵平. 开发区土地集约利用评价研究 [D]. 福州：福建师范大学，2010.

［57］彭浩，曾刚．上海市开发区土地集约利用评价［J］．经济地理，2009，29（7）：1177-1181.

［58］乔伟峰，陈建．城市土地集约利用潜力评价信息系统的研究与构建［J］．南京晓庄学院学报，2007，6：82-86.

［59］阮履云，张勇．开发区土地集约利用评价理想值确定的研究［J］．绿色科技，2010（8）：170-173.

［60］邵晓梅，王静．小城镇开发区土地集约利用评价研究——以浙江省慈溪市为例［J］．地理科学进展，2008（1）：75-81.

［61］石忆邵，黄银池．开发区土地集约利用研究——以上海开发区为例［J］．现代城市研究，2011（5）：13-19.

［62］史洪盛．工业园区土地集约利用分析与评价［D］．重庆：西南大学，2010.

［63］宋永发，官蕾．开发区土地集约利用分区评价——以大连经济技术开发区为例［J］．价值工程，2009，28（3）：11-15.

［64］谭鑫，匡建超，高霞．基于熵权-模糊综合评价模型的开发区土地集约利用评价［J］．国土资源科技管理，2011，28（5）：42-47.

［65］唐旭，赵翔，刘耀林，周光源．开发区土地集约利用评价信息系统的构建与应用［J］．武汉大学学报-信息科学版，2011，36（3）：373-377.

［66］陶志红．城市土地集约利用几个基本问题的探讨［J］．中国土地科学，2000，14（5）：1-5.

［67］童恋，袁旭东．开发区土地集约利用评价有关问题的思考［J］．陕西师范大学学报（自然科学版），2009，37（S1）：61-62.

［68］王华．郑州市经济技术开发区土地集约利用评价［D］．郑州：河南农业大学，2011.

［69］王昆，陈银蓉．开发区土地集约利用评价研究——以武汉经济技术开发区为例［J］．国土资源科技管理，2008，25（6）：22-26.

［70］王明舒，朱明．利用云模型评价开发区的土地集约利用状况［J］．农业工程学报，2012，28（10）：247-252.

［71］王铁成．我国城市开发区土地集约利用评价研究［D］．南京：南京农业大学，2008.

［72］王伟，张海波．开发区土地集约利用水平评价研究——以浙江省为例［J］．生产力研究，2008（20）：86-88.

[73] 王秀春. 基于 GIS 的农业土地适宜性评价系统的构建与应用——以泾河流域为例 [D]. 北京：北京师范大学，2004.

[74] 王永峰. 开发区土地集约利用评价指标体系研究 [D]. 郑州：河南农业大学，2011.

[75] 韦仕川，黄朝明，尧德明. 基于 GIS 和多目标综合评价模型的开发区土地集约利用评价：以洋浦经济开发区为例 [J]. 贵州农业科学，2011，39 (3)：125 – 130.

[76] 吴鹏越，佟秋利，杜焰. Web 业务系统可用性评估系统的研究与实现 [J]. 计算机工程与设计，2009，30 (2)：338 – 341.

[77] 吴旭芬，孙军. 开发区土地集约利用的问题探讨 [J]. 中国土地科学，2000，14 (2)：14 – 21.

[78] 伍鲍克. 中国开发区研究 [M]. 北京：人民出版社，2002 年.

[79] 夏敏峰，李资华，戴军，胡月明. 江西省开发区土地集约利用评价信息系统设计与实现 [J]. 广东农业科学，2011，38 (14)：148 – 150.

[80] 夏燕榕，曲福田，姜海，李效顺，胡立兵. 基于集约评价的城市开发区规模计量研究——以南京市省级以上开发区为例 [J]. 中国人口·资源与环境，2010，20 (2)：37 – 42.

[81] 熊婷燕. 主成分分析与 R 型因子分析的异同比较 [J]. 统计与决策，2006 (2)：129 – 132.

[82] 徐松青. 开发区土地集约利用评价研究——以天津经济技术开发区为例 [J]. 西昌学院学报（自然科学版），2009，23 (1)：56 – 60.

[83] 徐潇瑾，潘润秋. 基于熵值法和统一理想值的开发区土地集约利用评价 [J]. 国土资源科技管理，2011，28 (3)：52 – 56.

[84] 许艳，濮励杰，张丽芳，朱明. 土地集约利用与经济发展时空差异研究——以江苏省为例 [J]. 南京大学学报：自然科学版，2009，45 (6)：810 – 820.

[85] 颜开发，苏黎馨. 开发区土地集约利用水平比较研究——以福清融侨经济技术开发区和福州元洪投资区为例 [J]. 宜春学院学报，2011，33 (7)：54 – 56，116.

[86] 杨大兵. 城市土地集约利用评价系统研发及应用 [D]. 北京：中国地质大学，2010.

[87] 杨建锋，王令超，马军成. 基于企业与行业的开发区土地集约利用

评价研究——以洛阳高新技术产业开发园区为例 [J]. 地域研究与开发, 2012, 31 (1): 126 - 129.

[88] 杨曼曼. 郑州市开发区土地集约利用评价 [D]. 郑州: 河南农业大学, 2010.

[89] 俞艳, 何建华, 甘宇航, 杨淳惠. AO 支持下的土地适宜性评价系统研制 [J]. 国土资源科技管理, 2006, 23 (4): 76 - 80.

[90] 袁旭东, 武泽江, 凌鑫, 王亚文. 开发区土地集约利用评价研究——以西安经济技术开发区为例 [J]. 国土资源科技管理, 2009, 26 (3): 51 - 56.

[91] 袁玉宇, 张旸旸. 电子商务软件易用性的评测方法和评测过程 [J]. 计算机应用研究, 2006 (10): 60 - 62, 65.

[92] 翟文侠, 黄贤金, 张强等. 基于层次分析的城市开发区土地集约利用研究——以江苏省为例 [J]. 南京大学学报 (自然科学), 2006, 42 (1): 96 - 102.

[93] 张程光, 曲哲, 任家强, 李楠. 开发区不同行业工业用地集约利用水平评价——以辽宁省北票开发区为例 [J]. 山东国土资源, 2011, 27 (7): 57 - 60.

[94] 张锋, 汪应宏, 董晓明等. 基于 AHP 法和协调度模型的开发区土地集约利用评价研究——以徐州经济开发区为例 [J]. 广东土地科学, 2010, 9 (1): 19 - 23.

[95] 张会会, 聂宜民, 孙常琴, 牟姣, 王明浩, 苑波, 赵弘韵. 基于 ArcGIS Engine 的县 (市) 级开发区土地集约利用评价系统研究——以山东省招远市为例 [J]. 国土资源科技管理, 2011, 28 (4): 32 - 38.

[96] 张洁. 开发区土地集约利用潜力评价 [D]. 西安: 西北大学, 2008.

[97] 张金萍. 城市土地集约利用潜力评价信息系统构建浅析 [J]. 世界科技研究与发展, 2006, 28 (4): 65 - 69.

[98] 张丽萍, 刘学录, 马晓婧. 基于协调度模型的甘肃省开发区土地集约利用评价研究 [J]. 浙江农业学报, 2012, 24 (5): 891 - 897.

[99] 张丽萍, 刘正捷, 张海昕, 肖春达, 李前. IT 产品的可用性测试与评估 [J]. 计算机工程与应用, 2003 (9): 73 - 75, 87.

[100] 张平平, 鲁成树. 开发区土地集约利用评价基本问题探讨 [J]. 国土资源科技管理, 2010, 27 (3): 9 - 13.

[101] 张笑寒. 基于 AHP 方法的开发区土地集约利用评价研究 [J]. 华中农业大学学报（社会科学版），2009，80（2）：25-30.

[102] 张旸旸，袁玉宇. 运用层次分析法分析电子商务软件易用性的评价值 [J]. 计算机应用研究，2007，24（4）：5.

[103] 张宇. 基于实务经验的开发区土地集约利用评价技术体系优化研究 [D]. 杭州：浙江大学，2011.

[104] 章其祥. 城市土地集约利用潜力评级信息系统研究 [J]. 现代测绘，2003，26（2）：30-44.

[105] 赵成胜，赵小风，严长清. 基于模糊综合评判法的开发区土地集约利用研究 [J]. 山东师范大学学报（自然科学版），2011，26（2）：90-94.

[106] 赵冬. 开发区土地集约利用潜力评价研究 [D]. 武汉：华中农业大学，2008.

[107] 赵刚. 开发区土地集约利用评价模型及其应用研究 [D]. 合肥：合肥工业大学，2010.

[108] 赵宏伟. 中国—新加坡城市开发区土地集约利用比较研究 [D]. 重庆：西南大学，2010.

[109] 赵小风，黄贤金，严长清，李衡，张兴榆. 基于 RAGA-AHP 的工业用地集约利用评价——以江苏省开发区为例 [J]. 长江流域资源与环境，2011，20（10）：1315-1320.

[110] 郑方，郑霄，李宏亮，陈左宁. 面向用户的并行计算机系统可用性建模研究 [J]. 计算机研究与发展，2008，45（5）：886-894.

[111] 中华人民共和国国土资源部. 开发区土地集约利用评价规程（试行）[S]. 北京：中国标准出版社，2008.

[112] 周国峰，沈继成，胡伟. 城市土地集约利用评价信息系统构架研究 [J]. 测绘科学，2011，26（2）：165-168.

[113] 周荣刚. IT 产品用户体验质量的模糊综合评价研究 [J]. 计算机工程与应用，2007，43（31）：102-105.

[114] 朱蕾. 基于 GIS 的长春经济技术开发区土地集约利用评价研究 [D]. 吉林：吉林大学，2009.

[115] 朱林兴. 简论"城市集约用地"[J]. 华东经济管理，1998，13（2）：26-27.

[116] 朱秋芳，赵寒冰. 紫金经济开发区土地集约利用评价指标体系构

建及应用研究 [J]. 安徽农业科学, 2011, 39 (24): 14718 – 14719.

[117] 朱永新. 中国开发区组织管理体制与地方政府机构改革 [M]. 天津: 天津人民出版社, 2001.

[118] 宗毅. 我国城市土地集约利用的理论分析与评价研究 [D]. 天津: 天津大学, 2005.

[119] Barnard Charles, Beck Les. Enhancing LESA Report [R]. Soil and Water Conservation Society, 2003.

[120] C. S. P. Monck, R. B. Porter, P. Quintas, et al.. Science Parks and the growth of High Technology Firms [M]. Croom Helm, London, 1988.

[121] S. MacDonald. British Science Parks: Reflections on the Politics of High Technology [J]. R&D Management, 1987, 17 (1): 25 – 37.

[122] Ely, Richard T., George S. Wehrwein. Land Economics [M]. University of Wisconsin Press, 2000.

[123] FAO. FESLM: An International Framework for Evaluating Sustainable Land Management [R]. World Soil Resources Report, Rome, 1993.

[124] M. Castells, P. Hall. Technopoles of the World: the Making of Twenty-first Century Industrial Complexes [M]. London: Routledge, 1994.

[125] F. C. C. Koh, W. T. H. Koh, F. T. Tschang. An Analytical Framework for Science Parks and Technology Districts with an Application to Singapore [J]. Journal of Business Venturing, 2005, 20 (2): 217 – 239.

[126] B. Braun, W. McHone. Science Parks as Economic Development Policy: a Case Study Approach [J]. Economic Development Quarterly, 1992, 6 (2): 135 – 147.

[127] H. Amirahmadi, G. Saff. Science Parks: a Critical Assessment [J]. Journal of Planning Literature, 1993, 8 (2): 107 – 123.

[128] P. Escorsa, J. Valls. A Proposal for a Typology of Science Parks [J]. The Science Park Evaluation Handbook. European Innovation Monitoring System (EIMS), 1996, 61.

[129] P. Quintas. Evaluating Science Parks Linkages [J]. The Science Park Evaluation Handbook, European Innovation Monitoring System (EIMS), Publicatio, 1996, 61.

[130] Barbara Bigliardi, Alberto Ivo Dormio, Anna Nosella, et al.. Assess-

ing Science Parks' Performances: Directions from Selected Italian Case Studies [J].
Technovation, 2006, 26 (4): 489 – 505.

[131] D. G Rossiter. ALES: a Framework for Land Evaluation Using a Micro-
computer [J]. Soil Use and Management, 1990 (6): 7 – 20.

[132] Michael N. DeMers, Policy Implications of LESA Factor and Weight
Determination in Douglas County, Kansas [J]. Land Use Policy, 1988, 5 (4):
408 – 418.

[133] A. Van Paassen, R. P. Roetter, H. Van Keulen, C. T. Hoanh. Can Com-
puter Models Stimulate Learning about Sustainable Land Use? Experience with LUPAS
in the Humid (sub –) tropics of Asia [J]. Agricultural Systems, 2007, 94 (3):
874 – 887.

[134] Soyoung Park, Seongwoo Jeon, Shinyup Kim, Chuluong Choi. Predic-
tion and Comparison of Urban Growth by Land Suitability Index Mapping Using GIS
and RS in South Korea [J]. Landscape and Urban Planning, 2011, 99 (2): 104 –
114.

[135] F. C Dai, C. F Lee, X. H Zhang. GIS – Based Geo – Environmental
Evaluation for Urban Land – Use Planning: a Case Study [J]. Engineering Geology,
2001, 61 (4): 257 – 271.

[136] Rajesh Bahadur Thapa, Yuji Murayama. Land Evaluation for Peri-ur-
ban Agriculture using Analytical Hierarchical Process and Geographic Information
System Techniques: a Case Study of Hanoi [J]. Land Use Policy, 2008, 25
(2): 225 – 239.

[137] D. J. Storey, B. S. Tether. Public Policy Measures to Support New Tech-
nology – Based Firms in the European Union [J]. Research Policy, 1998, 26:
1037 – 1057.

[138] EC. Benchmarking of Business Incubators [R]. Final report, Brux-
elles, 2002.

[139] EC. Comparative Study of Science Parks in Europe: Keys to Acommuni-
ty Innovation policy [R]. European Commission Directorate General XIII, Brussels,
1996.

[140] Herzog F, Steiner B, Bailey D, et al.. Assessing the Intensity of Tem-
perate European Agriculture at the Landscape Scale [J]. European Journal of Agron-

omy, 2006, 24 (2): 165 – 181.

[141] R. Grimaldi, A. Grandi. Business Incubators and New Venture Creation: an Assessment of Incubating Models [J]. Technovation, 2005, 25 (2): 111 – 121.

[142] Yiannis L Bakouros, Dimitri C Mardas, Nikos C Varsakelis. Science Park, a High Tech Fantasy: an Analysis of the Science Parks of Greece [J]. Technovation, 2002, 22 (2): 123 – 128.

[143] Nicholas Low, Brendan Gleason, Ray Green, Darko Radovic. The Green City: Sustainable Homes, Sustainable Suburbs [M]. London: Routledge, 2005.

[144] Rohan Bennett, Nilofer Tambuwala, Abbas Rajabifard, et al.. On Recognizing Land Administration as Critical, Public Good Infrastructure [J]. Land Use Policy, 2013, 30 (1): 84 – 93.

[145] Anne E. Maczulak Environment Engineering: Designing a Sustainable Future [M]. Facts On File, Indorporated, 2009.

[146] T. J. Stomph, L. O. Fresco, H. van Keulen. Land Use System Evaluation: Concepts and Methodology [J]. Agricultural Systems, 1994, 44 (3): 243 – 255.

[147] Finn Hansson, Kenneth Husted, Jakob Vestergaard. Second Generation Science Parks: from Structural Holes Jockeys to Social Capital Catalysts of the Knowledge Society [J]. Technovation, 2005, 25 (9): 1039 – 1049.

[148] Yasser Mattar. Post – Industrialism and Silicon Valley as Models of Industrial Governance in Australian Public Policy [J]. Telematics and Informatics, 2008, 25 (4): 246 – 261.

[149] Alessandro Kihlgren. Promotion of Innovation Activity in Russia through the Creation of Science Parks: the Case of St. Petersburg [J]. Technovation, 2003, 23 (1): 65 – 76.

[150] W. H Lee, W. T Yang. The Cradle of Taiwan High Technology Industry Development: Hsinchu Science Park [J]. Technovation, 2000, 20: 55 – 59.

[151] EIB. Science Parks: A Tool for the Development of the Knowledge Eeonomy? [C]. EIB Conference, 2006.

[152] S. S. Lee, J. S. Osteryoung. A Comparison of Critical Success Factors for Effective Operations of University Business Incubators in the United States and Korea [J]. Journal of Small Business Management, 2004, 42 (4): 418 – 426.

［153］ R. Aernoudt. Incubators: Tool for Entrepreneurship? ［J］. Small Business Economics, 2004, 23 (2): 127 –135.

［154］ Shriar A J. Agricultural Intensity and Its Measurement in Frontier Regions ［J］. Agroforestry Systems, 2000 (49): 301 –318.

［155］ P. Westhead. R&D "Inputs" and "Outputs" of Technology – Based Firms Located on and off Science Parks ［J］. R&D Management, 1997, 27 (1): 45 –62.

［156］ P. Castells, P. Hall. Technopoles of the World: the Making of the 21st Century Industrial Complexes ［M］. London: Routledge, 1994.

［157］ Chien – Ta Bruce Hoa, Desheng Dash Wu. Online Banking Performance Evaluation Using Data Envelopment Analysis and Principal Component Analysis ［J］. Computers & Operations Research, 2009, 6 (36): 1835 –1842.

［158］ Masters G N. A Rasch Model for Partial Credit Scoring ［J］. Psychometrika, 1982, 47 (2): 149 –174.

［159］ Wright B D, Douglas G A, No M. The Rating Scale Model for Objective Measurement ［Z］. Research Memorandum, 1986, 35.

［160］ Mok, M. M. C. , Cheong, C. Y. , Moore, P. J. , Kennedy, K. J. . The Development and Validation of the Self – Directed Learning Scales (SLS) ［J］. Journal of Applied Measurement, 2006, 7 (4), 418 –449.

［161］ Wright B. D. , Mok M. C. Rasch Model Sover View ［J］. Journal of Applied Measurement, 2000, 1 (1): 83 –106.

［162］ Lee G K L, Chan E H W. The Analytic Hierarchy Process (AHP) Approach for Assessment of Urban Renewal Proposals ［J］. Social Indicators Research, 2008, 89 (1): 155 –168.

［163］ T. V. Reshmidevi, T. I. Eldho, R. Jana. A GIS – Integrated Fuzzy Rule – Based Inference System for Land Suitability Evaluation in Agricultural Watersheds ［J］. Agricultural Systems, 2009, 101 (1 –2): 101 –109.

［164］ Demetris Demetriou, John Stillwell, Linda See. Land Consolidation in Cyprus: Why Is an Integrated Planning and Decision Support System Required ［J］. Land Use Policy, 2012, 29 (1): 131 –142.

［165］ Kenneth E. Kendall, Julie E. Kendall. Systems Analysis and Design ［M］. Upper Saddle River: Prentice Hall. 2006.

［166］ Gary B. Shelly, Thomas J. Cashman, Harry J. Rosenblatt. Systems Analysis and Design [M]. Stamford: Cengage Learning. 2007.

[167] Zeng Y. , Cheng GD. On the Logic of Design [J]. Design Studies, 1991, 12 (3): 137 – 141.

[168] Silver, M. S. , Markus, M. L. , Beath C. M. The Information Technology Interaction Model: A Foundation for the MBA Core Course [J]. MIS Quarterly 1995, 19 (3): 361 – 390.

[169] G. J. Udo, J. S. Davis. A Comparative Analysis of DSS User – Friendliness and Effectiveness [J]. International Journal of Information Management, 1992, 12 (3): 209 – 223.

[170] Whitworth B, Zaic M. The WOSP Model: Balanced Information System Design and Evaluation [J]. Communications of the Association for Information Systems, 2003, 12 (1): 258 – 282.

[171] Clemons E K, Dewan R M, Kauffman R J. Special Issues: Competitive Strategy, Economics and Information Systems [J]. Journal of Management Information Systems, 2004, 21 (2): 5 – 9.

[172] Leonard Jessup, Joseph Valacich. Information Systems Today: Managing in the Digital World [M]. Upper Saddle River: Prentice Hall, 2007.

[173] Ralph M. Stair, George W. Reynolds. Principles of Information Systems: A Managerial Approach [M]. Stamford: Thomson Learning, 2003.

[174] Eris O. Effective Inquiry for Innovative Engineering Design [M]. Boston: Kluwer Academic Publishers, 2004.

[175] Wang M. , Y. Zeng. Asking the Right Questions to Elicit Product Requirements [J]. International Journal of Computer Integrated Manufacturing, 2009, 22 (4): 283 – 298.

[176] Zeng, Y. Recursive Object Model (ROM) – Modeling of Linguistic Information in Engineering Design [J]. Computers in Industry, 2008, 59 (6): 612 – 625.

[177] Zeng Y. Axiomatic Theory of Design Modeling [J]. Transaction of SDPS: Journal of Integrated Design and Process Science, 2002, 6 (3): 1 – 28.

[178] T. Dyba, T. Dingsoyr. Empirical Studies of Agile Software Development: a Systematic Review [J]. Information and Software Technology, 2008 (50): 833 – 859.

[179] E. Antonopoulou, S. T. Karetsos, M. Maliappis, et al.. Web and Mobile Technologies in a Prototype DSS for Major Field Crops [J]. Computers and Electronics in Agriculture, 2010, 70 (2): 292 – 301.

[180] W. O. Ochola, P. Kerkides. An Integrated Indicator – Based Spatial Decision Support System for Land Quality Assessment in Kenya [J]. Computers and Electronics in Agriculture, 2004, 45 (1 – 3): 3 – 26.

[181] S Webster. An Annotated Bibliography for Object – Oriented Analysis and Design [J]. Information and Software Technology, 1994, 36 (9): 569 – 582.

[182] Umarporn Charusombat, Dev Niyogi, Sébastien Garrigues, et al.. Noah – GEM and Land Data Assimilation System (LDAS) Based downscaling of Global Reanalysis Surface Fields: Evaluations Using Observations from a Carbo Europe Agricultural Site [J]. Computers and Electronics in Agriculture, 2012 (86): 55 – 74.

[183] Jeffrey L. Whitten, Lonnie D. Bentley. Introduction to Systems Analysis and Design [M]. NewYork: McGraw – Hill, 2006.

[184] S Kalogirou. Expert Systems and GIS: an Application of Land Suitability Evaluation [J]. Computers, Environment and Urban Systems, 2002, 26 (2 – 3): 89 – 112.

[185] M. T. Escobar, J. M. , Moreno – Jiménez. A Note on AHP Group Consistency for the Row Geometric Mean Priorization Procedure [J]. European Journal of Operational Research, 2004, (153): 318 – 322.

[186] Hsu P – F, Hsu M – G. Optimizing the Information Outsourcing Practices of Primary Care Medical Organizations Using Entropy and TOPSIS [J]. Quality & Quantity, 2008, 42 (2): 181 – 201.

[187] Arslan T. A Hybrid Model of Fuzzy and AHP for Handling Public Assessments on Transportation Projects [J]. Transportation, 2009, 36 (1): 97 – 112.

[188] Dağdeviren M. Decision Making in Equipment Selection: an Integrated Approach with AHP and PROMETHEE [J]. Journal of Intelligent Manufacturing, 2008, 19 (4): 397 – 406.

[189] Schmitt N, Chan D, Sacco J M, et al.. Correlates of Person Fit and Effect of Person Fit on Test Validity [J]. Applied Psychological Measurement, 1999, 23 (1): 41 – 53.

［190］Bond T. , Fox C. Applying the Rasch Model: Fundamental Measurementin the Human Sciences ［M］. London: Routledge, 2007.

［191］Lei Chang. A Psychometric Evaluation of 4 – Point and 6 – Point Likert-type Scales in Relation to Reliability and Validity ［J］. Applied Psychological Measurement, 1994, 18 (3): 205 –215.

［192］Wolfe, E. W. , Chiu, C. W. T. Measuring Change Across Multiple Occasions Using the Rasch Rating Scalemodel ［J］. Journal of Outcome Measurement, 1999, 3 (4), 360 –381.

［193］Linacre, J. M. A User's Guide to WINSTEPS and MINISTEP: Rasch Model Computer Programs ［M］. Chicago, IL: Winsteps. com, 2006.

［194］Linacre J M. Investigating Rating Scale Category Utility ［J］. Journal of Outcome Measurement, 1999, 3 (2): 103 –122.

［195］Andrich D. A Rating Formulation for Ordered Response Categories ［J］. Psychometrika, 1978, 43 (4): 561 –573.

［196］Wright B D, Masters G N. Rating Scale Analysis. Rasch Measurement ［M］. Chicago. IL. : MESA Press. 1982.

［197］Lord F. a Theory of Test Scores ［M］. New York: Psychometric Monographs, 1952.

［198］A BIRNBAUM. Some latent Trait Models and Their Use in Inferring an Examinee's Ability ［J］. Statistical Theories of Mental Test Scores, 1968.

［199］Smith A B, Rush, R, Fallowfield L J, et al. . Rasch Fit Statistics and Sample Size Considerations for Polytomous Data ［J］. BMC Medical Research Methodology, 2008, 8 (1): 78 –90.

［200］Marsh H. W. The Multidimensional Structure of Physical Fitness: Invariance over Gender and Age ［J］. Research Quarterly for Exercise and Sport, 1993, 64 (3): 256 –273.

［201］Cronbach L. Coefficient Alpha and the Internal Structure of Tests ［J］. Psychometrika, 1951, 16 (3): 297 –334.

［202］D. Felsenstein. University – Related Science Parks ' Seedbeds ' or Enclaves of Innovation ［J］. Technovation, 1994, 14 (2): 93 –110.

［203］M. Baird. Public Sector Performance—the Critical Role of Evaluation ［M］. Washington DC: World Bank, 1998: 7 –12.

［204］ B. M. Hoobler, G. F. Vance, J. D. Hamerlinck, L. C. Munn, J. A. Hayward. Applications of Land Evaluation and Site Assessment (LESA) and a Geographic Information System (GIS) in East Park County, Wyoming ［J］. Journal of Soil and Water Conservation, 2003 (58): 105 - 112.

［205］ Michael N. DeMers. The Importance of Site Assessment in Land Use Planning: a Re-examination of the SCS LESA Model ［J］. Applied Geography, 1989, 9 (4): 287 - 303.

［206］ D De la Rosa, F Mayol, E Diaz - Pereira, et al.. A Land Evaluation Decision Support System (MicroLEIS DSS) for Agricultural Soil Protection: with Special Reference to the Mediterranean Region ［J］. Environmental Modelling & Software, 2004, 19 (10): 929 - 942.

［207］ Stephen J. Carver. Integrating Multi-criteria Evaluation with Geographical Information System ［J］. International Journal of Geographical Information Systems, 1991, 5 (3): 321 - 339.

［208］ P. Wandahwa, E. van Ranst. Qualitative Land Suitability Assessment for Pyrethrum Cultivation in West Kenya Based upon Computer - Captured Expert Knowledge and GIS ［J］. Agriculture, Ecosystems & Environment, 1996, 56 (3): 187 - 202.

［209］ Jia Yu, Yun Chen, Jianping Wu. Modeling and Implementation of Classification Rule Discovery by Ant Colony Optimisation for Spatial Land - Use Suitability Assessment ［J］. Computers, Environment and Urban Systems, 2011, 4 (35): 308 - 319.

［210］ Tiago Ratinho, Elsa Henriques. The Role of Science Parks and Business Incubators in Converging Countries: Evidence from Portugal ［J］. Technovation, 2010, 30 (4): 278 - 290.

［211］ J. Marques, J. Caraca, H. Diz. How can University - Industry - Government Interactions Change the Innovation Scenario in Portugal? - the Case of the University of Coimbra ［J］. Technovation, 2006, 26 (4): 534 - 542.

［212］ A. N. Link, K. R. Link. On the Growth of U. S. Science Parks ［J］. Technology Transfer 2003, 28: 81 - 85.

［213］ Peter Lindelöf, Hans Löfsten. Growth, Management and Financing of New Technology - Based Firms Assessing Value - Added Contributions of Firms Located on and off Science Parks [J], Omega, 2002, 30 (3): 143 – 154.

[214] P. H. Phan, D. S. Siegel, M. Wright. Science Parks and Incubators: Observations, Synthesis and Future Research [J]. Journal of Business Venturing, 2005, 20 (2): 165 – 182.

[215] A. N. Link, J. T. Scott. The Growth of Research Trangle Park [J]. Small Business Economics, 2003, 20 (2): 167 – 175.

[216] Ball M. T. Housing Investment Fluctuations: an International Comparison [J]. Paper Presented to The Cutting Edge, Department Land Economy, University of Aberdeen, 1995 (9): 18 – 23.

[217] Donella H. Meadows, Jorgen Randers, Dennis L. Meadows. Limits to Growth: The 30-Year Update [M]. Hartford VT: Chelsea Green, 2004.

[218] Yoram Barzel. Economic Analysis of Property Rights [M]. Cambridge: Cambridge University, 1997.

[219] Thomas A G. Incentive Property Taxation: a Potential Tool for Urban Growth Management [J]. Journal of The American Planning Associaian, 1999.

[220] Ronald Harry Coase. The Problem of Social Cost [J]. Journal of Law and Economics, 1960, 3 (10): 1 – 44.

[221] William N. K. Income Property Valuation [M]. Lexington MA: Lexington Books, 1971.

[222] Vredenburg K, Isensee S, Righi C. User – Centered Design: An Integrated Approach [M]. Hoboken NJ: Prentice Hall, 2001.

[223] Bannon, L. J. Discovering the Human Actors in Human Factors [M]. Aarhus: DAIMI PB290, Aarhus University, 1989.

[224] IEEE Std 1061. IEEE Standard for a Software Quality Metrics Methodology [M]. New York: IEEE Computer Society Press, 1992.

[225] ISO9241 – 210. Ergonomics of Human – System Interaction – Part 210: Human – Centred Design for Interactive Systems [S]. 2010.

[226] Nielsen J. Designing Web Usability: The Practice of Simplicity [M]. Thousand Oaks, CA, USA: New Riders Publishing, 1999.

[227] Kushniruk A W, Patel V L. Cognitive and Usability Engineering Methods for the Evaluation of Clinical Information Systems [J]. Journal of Biomedical Informatics, 2004, 37 (1): 56 – 76.

[228] Youngblood N E, Mackiewicz J. A Usability Analysis of Municipal Government Website Home Pages in Alabama [J]. Government Information Quarterly, 2012, 29 (4): 582 –588.

[229] Horsky J, McColgan K, Pang J E, et al.. Complementary Methods of System Usability Evaluation: Surveys and Observations during Software Design and Development Cycles [J]. Journal of Biomedical Informatics, 2010, 43 (5): 782 – 790.

[230] Vincenzo Del Fatto, Luca Paolino, Fabio Pittarello. A Usability – Driven Approach to the Development of a 3D Web – GIS Environment [J]. Journal of Visual Languages & Computing, 2007, 18 (3): 280 –314.

[231] Jarrett C, Quesenbery W, Roddis I, et al.. Using Measurements from Usability Testing, Search Log Analysis and Web Traffic Analysis to Inform Development of a Complex Web Site Used for Complex Tasks [C]. Human Centered Design. Springer Berlin, Heidelberg, 2009, 5619: 729 –738.

[232] José Ignacio Panach, Francisco Valverde, óscar Pastor. Improvement of a Web Engineering Method Through Usability Patterns [C]. Web Information Systems Engineering – WISE 2007 Workshops Lecture Notes in Computer Science, 2007, 4832: 441 –446.

[233] Park K S, Hwan Lim C. A Structured Methodology for Comparative Evaluation of User Interface Designs Using Usability Criteria and Measures [J]. International Journal of Industrial Ergonomics, 1999, 23 (5 –6): 379 –389.

[234] Kiura M, Ohira M, Matsumoto K. Webjig: an Automated User Data Collection System for Website Usability Evaluation [C]. Human – Computer Interaction. New Trends. Springer Berlin, Heidelberg, 2009, 5610: 277 –286.

[235] Younghwa Lee, Kenneth A. Kozar. Understanding of Website Usability: Specifying and Measuring Constructs and Their Relationships [J]. Decision Support Systems, 2012, 52 (2): 450 –463.

[236] Ruti Gafni. Usability Issues in Mobile – Wireless Information Systems [J]. Informing Science and Information Technology, 2009, 6: 755 –769.

[237] Folmer E. , Bosch, J. Architecting for Usability: a Survey [J]. The Journal of Systems and Software, 2004, 70 (1 –2): 61 –78.

[238] Kılıç Delice E, Güngör Z. The Usability Analysis with Heuristic Evalua-

tion and Analytic Hierarchy Process [J]. International Journal of Industrial Ergonomics, 2009, 39 (6): 934 –939.

[239] Lecerof A. , Paterno F. Automatic Support for Usability Evaluation [J]. IEEE Transactions On Software Engineering, 1998, 24 (10): 863 –887.

[240] Bastos R. M. , Ruiz D. D. A. Extending UML Activity Diagram for Workflow Modeling in Production Systems [C]. Proceedings of the 35th Annual Hawaii International Conference on System Sciences, 2002. HICSS. 2002: 3786 –3795.

[241] Bernus P. , Mertins K, Schmidt G. Handbook on Architectures of Information Systems [M]. Berlin, Heidelberg: Springer – Verlag, 2006: 81 – 103.

[242] Zhang X. , Oh S. , Sandhu R. PBDM: a Flexible Delegation Model in RBAC [C]. Proceedings of the Eighth ACM Symposium on Access Control Models and Technologies. New York, NY, USA: ACM, 2003: 149 –157.

[243] Bachle M, Kirchberg P. Ruby on Rails [J]. IEEE Software, 2007, 24 (6): 105 –108.

[244] H. Linstone, M. Turoff. Delphi Method: Techniques and Applications [M]. Boston MA: Addison Wesley, 1975.

[245] Quesenbery W. Content& Complexity: Information Design in Technical Communication [M]. Hillsdale, NJ: Lawrence Erlbaum, 2003.

[246] AnirudhaJoshi, N. L. Sarda, Sanjay Tripathi. Measuring Effectiveness of HCI Integration in Software Development Processes [J]. The Journal of Systems & Software, 2010, 83 (11).

[247] Manuel F. Bertoa, José M. Troya, AntonioVallecillo. Measuring the Usability of Software Components [J]. The Journal of Systems & Software, 2005, 79 (3).

[248] Brian Shackel. Usability – Context, Framework, Definition, Design and Evaluation [J]. Interacting with Computers, 2009, 21 (5).

[249] Chen S Y, Macredie R D. The Assessment of Usability of Electronic Shopping: a Heuristic Evaluation [J]. International Journal of Information Management, 2005, 25 (6): 516 –532.

[250] Seffah, A. , Metzker, E. The Obstacles and Myths of Usability and Software Engineering [J]. Communications of the ACM, 2004, 47 (12): 71 –76.

[251] Uldall – Espersen T, Frøkjær E, Hornbæk K. Tracing Impact in a Usability Improvement Process [J]. Interacting with Computers, 2008, 20 (1): 48 – 63.

[252] Shackel B. Usability – Context, Framework, Definition, Design and Evaluation [J]. Interacting with Computers, 2009, 21 (5 – 6): 339 – 346.

[253] Carroll C, Marsden P, Soden P, et al.. Involving Users in the Design and Usability Evaluation of a Clinical Decision Support System [J]. Computer Methods and Programs in Biomedicine, 2002, 69 (2): 123 – 135.

[254] Zhou E, Zhou J, Li B. Usability Evaluation Factors Research in Network Database System [C]. Proceedings of the 4th International Conference on Internationalization, Design and Global Development. Berlin, Heidelberg: Springer – Verlag, 2011: 283 – 290.

[255] ISO 9241 – 11. Ergonomic Requirements for Office Work with Visual Display Terminals (VDTs) – Part II: Guidance on Usability [S]. 1994.

[256] Shackel, B. Applied Ergonomics Handbook [M]. Guildford: IPC Science and Technology Press. 1975.

[257] Nielsen, J., R. Molich. Heuristic Evaluation of User Interfaces [C]. CHI'SO proceedings, SIGCHI Bulletin, Special issue, 1990: 249 – 256.

[258] FAO. A Framework for Land Evaluation [R]. FAO and Agriculture or Orgniazation of the United Nations, Rome, 1976.